ももクロの

弁当と平和

ENTO & PEACE

玉井詩織
Shiori Tamai
百田夏菜子
Kanako Momota
令和2年最大のスキャンダル
帰り〟事件!

高城れに
Reni Takagi

佐々木彩夏
Ayaka Sasaki

日本中に元気と笑顔を贈り届けた
〝お弁当持ち

私はこの時代の流れに逆らいたくない。
この状況に寄り添って、
今できることを届けたい

（幻のももいろクリスマス 2020 企画会議より）

いつもお客さんからパワーをもらってきたから、
無観客ライブでは自分の力で何かを出して、
見ている人にお返ししたい

（夏の無観客ライブを振り返って）

ギリギリ間に合ったかな？
私たちが踏み出した一歩、
2021年につながったかな？

（浪江女子発組合、コロナ後初の有観客ライブを終えて）

なんにもできないって絶望したけど、
本当は今だからできること、
たくさんあるんだよ！

（緊急事態宣言解除後初のインタビューより）

ももクロの弁当と平和

ももクロの弁当と平和

小島和宏

序章

なぜ、アイドルの本で「のり弁」が表紙になるのか？

日常が失われた2020年の乾いた世界で、今、この本を出版する意味と理由

◆ライブという「非日常空間」が成立しない世界

本来であれば、本のスタートはちょっと短めの「はじめに」で幕を開けるべきなのだろうが、この本に関してはすべてにおいていささかの説明が必要になってくるので、あえて本編に入る前に「序章」を設けさせていただいた。

もはや説明する必要もないだろうが、2020年は誰もが過去に経験をしたことがない、かなり特殊な1年となった。

緊急事態宣言が出されてからは、多くの人たちが日常を失うことになったのだが、芸能や興行の世界は、完全に活動をストップせざるを得なくなってしまった。

コンサートやライブというものは、観客に「非日常」の世界を提供するエンターテインメントである。

もはや「日常」というものが成立していないのだから、そこで「非日常」を提供することは、かなり難しい話になってくる。

それ以前の問題として、「不要不急の外出を避けるように」と広く呼びかけられ、流行語にもなった「3密」の条件を考えると、日本中からスタジアムやドームに数万人の観客を集めて開催する大型コンサートは完全にアウト、である。

春、夏、そしてクリスマスに大きなコンサートを毎年、開催しつづけてきたももいろクローバーZは、常に開催の可能性を探りながら動いてきたものの、２０２０年に関しては、そのすべてを「中止」、もしくは「２０２１年に延期」という決断を下さなくてはいけなくなった。

僕は２０１３年から毎年、夏に1年間のライブレポートをまとめた『ももクロ活字録』シリーズを出版してきた。

ある意味、ライフワークでもあり、その本の先行販売を夏のコンサート会場で行うことで、全国から集結してきた熱心なファンの方々と直接、お話しすることもできた。一日に何千人もの読者の方と実際に顔を合わせて、コミュニケーションを取ることなんて、なかなかできることではない。

朝から開演時間ギリギリまで物販ブースに顔を出しているので、相当、ヘロヘロになってしまいはするが、この貴重な時間を放棄するなんてことは考えられなかったし、ありがたいことに、それを楽しみに朝早くから売店の前に並んでくださる方もいる。いつしか、これは僕にとって、夏の〝当たり前〟になっていた。

しかし、2020年2月を最後に、ももクロは観客を集めてのライブ活動を完全にストップしてしまった。

例年、6月から7月頭ぐらいまでのライブを書籍に収録してきたので、恒例となっていたライブレポの本は出版することが不可能となった。どんなにがんばっても、いつもの半分ぐらいのページ数にしかならないし、先行販売をしてきた夏の大規模ライブも開催が見送られてしまった（もし、開催されていたとしても、さまざまな密を生み出す物販コーナーは展開しない、と決まっていた）。

もっと言えば、2020年いっぱいは有観客ライブが開催されないことが公表され、この本を書いている11月中旬の段階では、まだ2021年のスケジュールもいっさい発表されていない。もう、この時点で2021年以降も今までのようなボリュームの本を書くことはできない。そもそも、ライブがないのだから、ライブレポート集というジャンル自体、成立のしようがないのである。

というわけで、この夏、僕はももクロの本を書けなかった。

いや、本だけではない。

新型コロナウイルス感染拡大の影響は出版界をまるっと飲み込んでしまい、その余波をまともに食らってしまったのがアイドル雑誌だった。

どの雑誌も表紙と巻頭は当たり前のことだが、撮り下ろしのアイドルの写真が飾る。しかし、緊急事態宣言が発令され、各雑誌の編集部はアイドルを直接、撮影することができなくなってしまったのだ。

そうなると、もう雑誌は作れない。多くの雑誌が「合併号」と銘打って、春以降、お休みするケースが増えたし、発売されたとしても、新規に写真を撮れないので、過去の総集編のような内容になってしまうことが多かった。

あまり積極的にアイドル雑誌には登場しないももクロではあるが、それでも年に何回かは表紙からの特集が組まれ、そこで僕もいろいろと書かせていただいてきたのだが、上半期に関しては、その機会すらも完全に奪われてしまった。

コツコツと取材は続けてきたが、それを書く媒体がない。

だからといって「2020年のももいろクローバーZ」を追わない、という選択肢だけはなかった。いずれ、これは貴重な資料になるはずだから……そんなモヤモヤした陰《いん》鬱《うつ》な日々が延々と続いてきた。

◆とんでもないオファー！「弁当で一冊、本を書きませんか？」

そんなある日、ワニブックスの担当編集から連絡があった。

ここ数年、ワニブックスからは年末にももクロ関連の書籍を出版してきた。王道のライブレポート集とは違う切り口で、ももクロに興味がない方たちにも手に取ってもらおう、という方向性である。

かなりの変化球を投げてきたが、それは世間に刺さった。

特に2018年に出版した『ももクロ非常識ビジネス学』は、このご時世に重版がかかるほどのスマッシュヒットとなった。

それも発売たちまち重版というパターンではなく、年末に発売したものが、年が明けてもジワジワと売れ続けて、春に増刷されている。つまり、発売のタイミングでモノノフを中心としたアイドルに興味がある方たちが買ってくれて、そこから先は「ビジネス学」の部分に「なんだ、これ？」となったサラリーマン、ビジネスマン、経営者の方たちが読んでくれた、ということになる。

まったく新しい層をももクロに取り込む、という狙いは見事に当たり、2019年には続編となる『ももクロ春夏秋冬ビジネス学』もリリースされた。

その流れを受けて、2020年の年末にも『ビジネス学』シリーズを出版できたらな、とは考えていた。2冊で終わったら、単なる続編だが、3冊続けば「3部作」となるし、綺麗にシリーズ完結、という形にもできる。

そうは言っても、この状況下である。さすがに今年は無理かな、と思っているところに、担当編集から興奮気味に電話がかかってきたのである。

「小島さん！　ネットニュース、見ました？　ももクロのスキャンダル記事ですよ！」

「えっ？」となってチェックしてみると、それはももクロがテレビ局から出てくるところを激写した女性週刊誌の記事で、**「メンバーが全員、お弁当を手にしている」というだけのネタだった。**

おそらく、別のタレントさんを狙っていたら、ももクロが続々と出てきて、「メンバーみんながお弁当を手にしている」というなんとも牧歌的《ぼっか》な写真が撮れてしまった、ということなのだろう。

そして、その記事がバズっていたのである。

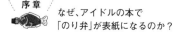

正直、これもまた「えっ？」となってしまった。

この本でも、のちのち具体例が出てくるのだが、ももクロがお弁当やお菓子を持って帰るのは、僕たちからすれば日常茶飯事なのである。

じつに庶民的というか「余っているんだったら、もらっていかないともったいないよね？」という、ごくごくフツーの考え方だ。

だが、世間的に見たら、ドームやスタジアムに何万人も集客する人気グループのメンバーが、そんな行動を取ること自体、ある意味、衝撃的だったのだろうし、何よりもその写真がいい意味で〝バカ〟だったので、瞬《また》く間に話題になってしまったわけだ。

「無理を承知で言います。小島さん、この弁当ネタだけで一冊、本を書きませんか？」

担当編集からのオファーはとんでもないものだった。

当時、公開されたばかりの映画のタイトルに引っかけて『弁当を持ち帰っただけなのに』という仮の書名まで提示されたので、「あっ、これは相当、本気のオファーなんだな」ということは伝わってきた。

しかし、いくらなんでも、このテーマで一冊、書き上げるというのは無理がある。それでも「一度、考えてみてください！」と言うので構成案を立ててはみたが、本の中の一章としてなら、なんとかなるだろうけど、一冊まるまるという提案にはもうギブアップするしかなかった。でも、たしかに「これはもっとたくさんの人に知ってもらうべきだ」という思いも日を追うごとに強くなってきた。

２０２０年の上半期はコロナの話題一色で、心から笑えるようなニュースはまったくといっていいほど出てこなかった。

もう「芸能ニュース」というジャンルすら存在し得ないような状況。

そこに降ってわいた「ももクロ」と「弁当」のニュース。

まさに「弁当を持ち帰っただけ」の話が、日本中の人たちを笑顔にさせた。

なんにも考えずに、ただただ笑える。そんな当たり前のことさえも、すっかり消えてしまっていたのだ。ある意味、この「スキャンダル写真」は閉塞《へいそく》した日々に、忘れかけていた「日常」を提供してくれた。

その主役がももクロであり、「弁当を持ち帰る」という行為自体、彼女たちにとってはまさに〝日常〟以外の何ものでもなかった。

そうやって考えていくと、２０２０年に出版するももクロの本で、この話題を前面に押し出さないのは、ちょっとナシなんじゃないか、と思えてきた。

◆こだわりの「弁当持ち帰り」を撮り直し激写！

そうこうしているうちに秋になってしまった。

ももクロは「無観客ライブ」「配信ライブ」という新しい形でのステージ活動を再開し、毎週のように開催されていたオンラインによるフェスにもどんどん参加していた。

僕はそのほとんどすべての現場に立ち会っている。

通常のライブレポートとは違うものにはなるだろうが、そこで見たもの、感じたことはしっかりと書き残しておきたい、と思っていた。

それだけではない。夏にライブレポート本を出さなかったことで、２０１９年夏から年末にかけての出来事をちゃんとまとまった形で活字化できていなかった。

そこで「ももクロはコロナ禍《か》でいかにして生きてきたのか」を追いかけた密着ドキュメント本を書かせてもらう、ということにした。

ただ、第一章に関しては２０１９年の物語にする。

言い換えれば、第一章、そして第二章の前半は「まだコロナが脅威になる前の世界」。

じつはこの時期に、ももクロの「２０２０年以降」を示唆する発言や出来事が頻発している。まさか、こんな状況になるとは誰も思っていなかったので、どんどん近未来へのアプローチをしてきたわけだが、今となっては、偶然ではあるけれども、２０１９年のうちにそういったものを次から次へと提示し続けたことで、**コロナ禍でも、ももクロの眼前に「絶望」の二文字が立ちはだかることはなかった。**

もし、新型コロナウイルスの蔓延が1年早かったら、ちょっと流れは変わっていたような気がする。そういう意味でも、この本で２０１９年のももクロを書くことは大きな意味があるのだ。

そして、もう表紙とタイトルは思いっきり「弁当」に振り切ることにした。

書店に並んだときのインパクトは相当、大きいと思う。平積みにされたら、売り場に「のり弁」が並んでいるように見える。「なんだ、これ？」と手に取ってくれる人がいれば、それでいいのだ。

問題は写真である。

例のスキャンダル写真を出版社から借りればいい、という考え方もある。

たしかに臨場感は出るだろうが、さすがに隠し撮りされたものを使うのも……ということで、あのときの様子をリアルに再現するイメージで、スタジオにて本気の撮り下ろしをさせてもらうことにした。

非常にバカバカしい撮影ではあるが、メンバーに説明をすると笑いながら「はいはい、わかりました」と理解してくれたのだが、玉井詩織は**「ちょっと！　お弁当もあのときとおんなじじゃん！」**と目を丸くした。

どうでもいいことかもしれないが、そこはしっかりとこだわった。

撮影なんだから、ひとつだけ弁当を用意して、それを使い回してもいいし、なんなら空き箱だって構わないのだが、あえてメンバーの人数よりも多い弁当を用意した。

カメラマンは弁当の山を見て「面白い画《え》になりそうだから、お弁当をたくさん持ってみようか」と高城れにに4つの弁当を抱えるように指示した。すると、その撮影中に珍しく高城れには「嫌です」と難色を示した。ただ、理由が素敵だった。

「ウチはお父さんとお母さんと私の3人家族だから、持つんだったら家族の分も入れて3つじゃなくちゃおかしい！」

じつはまるっきり同じことを佐々木彩夏も口にしている。

弁当お持ち帰りのスキャンダルの裏に、そんなアットホームな理由もあったとしたら、よりほっこりするではないか！

百田夏菜子には「フラッシュにびっくりしてお弁当を落としちゃおうか」という指示が飛び、一旦はやろうとしたのだが**「いや、やっぱり食べ物でそんなことをしたらいけないって！」**と夏菜子のほうからブレーキをかけてきた。

なんと素敵なエピソードの連続。

そして、撮影が終わると楽屋から**「本当にお弁当、持って帰っていいの？」**と佐々木彩夏の声が響き、すでに着替えを済ませていた玉井詩織はしっかりとちょっとお値段の高いほうの弁当を抱えていた。

こうして4人、全員がお持ち帰り、というところまで再現できた（人手が足りずに実現しなかったが、この日もスタジオから弁当を持って出るシーンを撮ればよかった！）。

そこまでした撮った写真を表紙でドーンと使わない、というのも非常に贅沢な話ではあるが、そこはもう「一般の方の目に留まる」ことを最優先した。

それでは、一旦、この世に新型コロナウイルスがまだ脅威として存在していなかった2019年に時計の針を戻そう。

あの夢と決意が詰まった伝説の聖夜に——。

ももクロの弁当と平和　目次

第一章

コロナのない時代、最後の聖夜……

『新・国立競技場で歌いたい！』

百田夏菜子
「覚悟」の明日への誓い

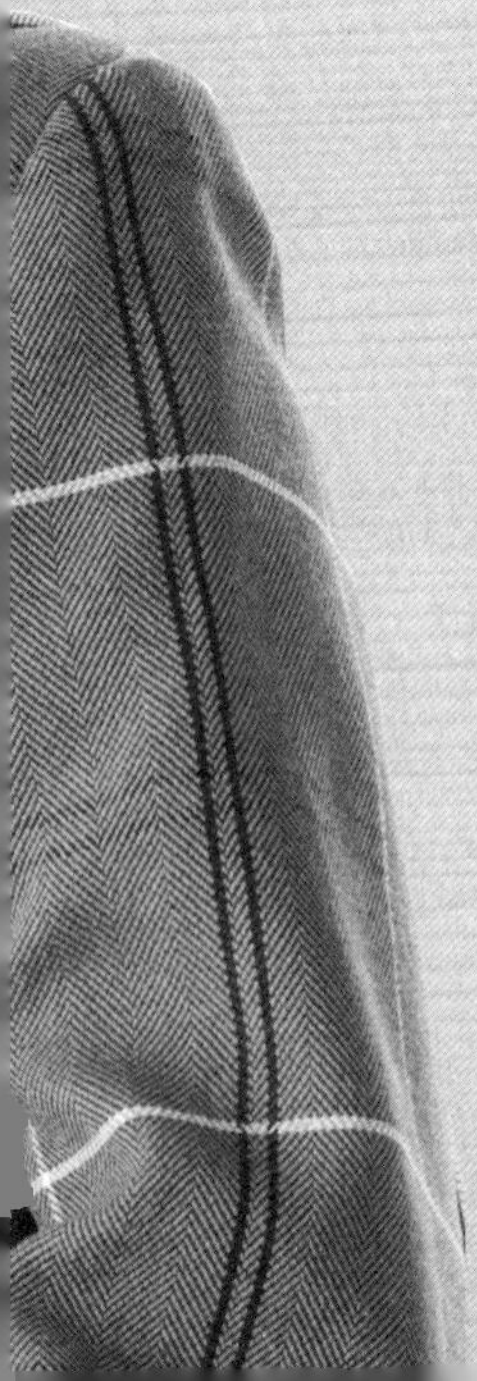

それこそ路上ライブとか
やってみたい。
海外からのお客さんたちが
私たちのことを
気軽に見てもらえるんじゃ
ないかなって

——百田夏菜子

◆完璧だった2020年への「地固め」

2019年の段階で、ももクロは2020年に向けて飛躍の地固めをほぼほぼ完了させていた。

数年前から夏のコンサートは「アイドルとスポーツの融合」をメインテーマにし、サブタイトルには「Road to 2020」と冠しての開催を続けてきた。

実際に「コンサートの最中に陸上競技がスタートする」という前代未聞の演出も当初は賛否両論を呼んだが、2019年になると、もはや、そういう演出が〝夏の当たり前〟になってきていた。

そう、2020年の夏に開催されるはずだった東京オリンピック・パラリンピックを念頭に置いての活動がかなり早くから進められており、2019年にはその「地固め」がしっかりと出来上がりつつあったのだ。

メンバーは全員、聖火ランナーに選出されていた。

すべてが予定どおりに進んでいれば、6月には静岡県で百田夏菜子が、そこからリレーされてきた聖火を他の３人が神奈川県で受け取り、走るはずだった（百田夏菜子は静岡県出身、玉井詩織、佐々木彩夏、高城れにの３人は全員が神奈川県出身。つまり、それぞれの地元を走る予定だったのだ）。

そして、２０１９年の夏コンサート『MomocloMania2019』では、超異例の発表が行われていた。

それは「２０２０年の夏コンサートを8月1日、２日の両日、この年と同じく西武ドームで開催する」というもの。

２月のバレンタインイベントや、メンバーのソロコンサートに関しては、早々と翌年のスケジュールが発表されることも珍しくないのだが、それ以外の大規模ライブの「次回予告」をこんなにも早く公表するのは異例中の異例である。

裏を返せば、東京オリンピック開催で首都圏の会場不足が囁《ささや》かれていたわけで、このタイミングでしっかりと会場を押さえて、発表できるぐらいでないと、もはや開催することすら難しかった。

本当だったら観客も「ワーッ！」と沸くような電撃発表だったはずなのだが、実際のリアクションは「えっ？」「ざわざわ……」という微妙なものだった。

なぜなら、日程を見ただけで、多くの人は東京オリンピック開催期間中であることに気づいていたからだ。

となると、地方から遠征してきているお客さんは「そんなタイミングで首都圏にホテルは空いている？　空いていても超高値なのでは？」と不安を抱く。

事実、毎年夏に開催されている定番イベントの多くが、この時点で東京オリンピックとのバッティングを回避し、２０２０年のみ秋にスライドする、ということをアナウンスしていたわけで、ももクロの「例年どおり開催」にはさすがのモノノフも、ざわざわせざるを得ないほどの衝撃を受けたようだ。

だが、マネージャーの川上アキラは「オリンピックを観るために世界中から集まってきているお客さんたちが、何かの間違いで西武ドームに足を運んでしまうような仕掛けはできないもんかなぁ～」と大真面目に画策《かくさく》していた。

以前、メンバーに「２０２０年、何をしたいか？」という話を聞いたときに、百田夏菜子は**「それこそ路上ライブとかやってみたい。海外からのお客さんたちが私たちのことを気軽に見てもらえるんじゃないかなって」**と語っていた。

路上ライブはももクロの原点。

そこから国立競技場まで駆け上がっていったのだが、普通だったら、そこまで到達してしまったら、もはや路上に戻ろうとは考えない。

しかし、ももクロは違う。

いつでも原点である路上に戻れる〝強さ〟がある。

それは言葉だけでない。２０１８年に東京ドームで10周年記念コンサートを開催したときも、その次のライブ会場に選んだのは、なんと「デパートの屋上」だった。

特設ビアガーデンにたった１３１人の観客を入れてのコンサート。

こうやって、いつでもしっかりと〝足元〟を見ながら前進してきたから、彼女たちは自分たちを見失わない。

「もっとトップスター然としていてもいいのにな」と思う一方で、国立競技場や東京ドームでコンサートをやっても、彼女たちがなんにも変わらないでいてくれることにホッとしたりもする。間違いなく、その姿勢はファンにも伝わるし、それを感じ取ってもらえれば、きっと長く応援もしてもらえる……そうやって、ももクロはコツコツと活動を続けてきたのだ。

でもね、ちょっとだけ悔し涙もあるかもしれない

佐々木彩夏

◆座長・佐々木彩夏の誕生

例年であれば、夏のコンサートが終わるとひと息つけるのだが、2019年の夏は、もうひとつのクライマックスが待っていた。

『明治座』での特別公演。

これまでも、ももクロが主演を務め、ひとつの劇場で長期公演を行うことは何度かあったが、歴史と伝統を誇る明治座での座長公演となると、ちょっと話が変わってくる（ちなみに、ももクロの直前まで明治座で公演を行っていたのは志村けんさんで、残念ながら、これが最後の座長公演となってしまった）。

プログラムはお芝居と歌の二幕構成。

歌手が座長を務めるときの王道演出で、これは昭和の時代から変わっていない。そんな公演の〝看板〟になれる、というのは光栄なことでもある。

そして、この公演の座長はももクロではなく「佐々木彩夏」と明記されていた。

正確に言えば、「ももクロ一座特別公演」で、その座長が「佐々木彩夏」。

第一部のお芝居では、佐々木彩夏が事実上の主演を務めるので、ポスターにもドーンとお姫様役の佐々木彩夏の写真が載っていて、他の3人は彼女の後ろからひょっこり顔を出すような感じで、小さーく写っている、という極端なデザインになっていた。

まさに「主演」と「その他大勢」。

少人数のグループでは、あんまりこういうバランスが崩れるようなことはやらない。

だが、このときは座長・佐々木彩夏がバシッと決まっていた。

他のメンバーも**「座長はあーりんしかできない」**と、この座組に納得していたし、彼女が座長になることで、一座としてのバランスが保てているような気もした。

◆そして、座長は「ヤバいね」と固まった

明治座公演が発表されてすぐ、佐々木彩夏と一緒に、明治座へと足を運んだ。

目的はチケット発売と同時に掲載される雑誌記事の取材。じつはこのとき、佐々木彩夏は初めて明治座を訪れた。

特別に撮影日を設けたわけではなく、通常の公演が行われているときに、ロビーや階

段を使って撮影をし、劇場内の部屋をお借りしてインタビューを行ったのだが、そんなシチュエーションが座長をピリッとさせた。

床や階段に敷かれた高級そうな絨毯《じゅうたん》は、ここで見ておかないと、自分たちの公演中には踏むこともないかもしれないし、観劇にやってきているお客さんの多くが着物姿でお上品そうなお姉さま方ばかり、という光景も確認することができた。

これは今までに経験したことのない「場」である。

「ヤバいね、これ」

インタビューが始まるまえ、佐々木彩夏は小さい声で言ってきた。

こんなに格式の高い劇場で座長を張る、という実感とプレッシャー。

たしかに「ヤバい」としか言いようがない。

だが、そんな状況下でも、どんな読者層が読む記事なのかを確認し、「モノノフだけでなく、広く一般の方たちも読む媒体《ばいたい》です」と伝えると、インタビューの内容だけでなく、話し言葉までも一般層に向けたものに変えて話し始めた。

そのあたりはある意味、編集サイドの仕事というか、ある程度はこちらで話し言葉を変換したりするものだが、彼女の場合、完全に読者に直接、話しかけている。

印刷される前から読者の顔がしっかりと見えているのだ！　これが「モノノフさん向け」というのであれば、素で話せばいいのだから、さほど難しいものではないかもしれないが、ももクロをよく知らない人たちがターゲットであり、自分たちにとっても未体験ゾーンの明治座での公演について語り、なおかつ「観に行きたい！」と思わせるような内容になっていないといけないのだから、かなりハードルが高い。

ついさっきまで「ヤバい」と固まっていた彼女が、それをあっさりとやってのけたことには驚愕《きょうがく》したし、こういう広報活動も座長の仕事のひとつ。まだ、舞台に立っている姿は見ていないが、この段階ですでに座長としての貫禄を感じずにはいられなかった。

◆メンバー全員の心に残った特別な日々

こういった活動を始めると、一部のファンからは、決まって不平不満の声が沸き上がってくる。

「アイドルなんだから、歌って踊っていればいい」

「奇をてらわずに普通のコンサートだけやってくれればいい」

「アイドルとは関係のない仕事をさせられてメンバーが気の毒だ」

「いつまで無駄な寄り道をさせるつもりなんだ」

そういった言い分もわからなくはない。

ファンとしては1本でも多くライブが観たいだろうし、映画撮影や舞台出演によって、その機会が減ってしまうことに不満を感じてしまうこともあるだろう。

僕も実際にファンの方から言われたことがある。

「ただひたすらベストなパフォーマンスを魅せるライブを頻繁に開催する。それこそがメンバーにとっても、モノノフにとっても最良の方策じゃないですか？　今できる最高のモノを提供しないと時間がもったいないですよ」

たしかに、「アイドル」としてのももクロのことだけを考えたら、そうなるのかもしれない。従来のアイドルの常識で考えたら、活動できる時間に限りがあるから、青春を全力疾走で駆け抜けて、燃え尽きるのがひとつの〝美学〟である。

ただ、ももクロはすでにデビューから12年が経過し、昔から「歳を取っても、結婚しても、ずっとももクロを続ける」と宣言している。

もっと言えば、「余計に思える寄り道」をせずに、ただひたすらアイドル道を直進していたら、もう、すでにももクロは存在していなかったかもしれない。

いろんな経験をし、いい形で歳を重ねていくことによって、ももクロは全員が20代中盤に差し掛かっても、未だにアイドルとして存在し、3年前、5年前ではできなかったようなことすら、ステージ上でこなすようになっているわけで、たしかに寄り道はしたかもしれないけれども、それはけっして無駄でも、余計なことでもなかったのだ。

これはもう、僕がうだうだ説明することではないだろう。

2019年の暮れ、メンバーにインタビューをしたとき、「今年、もっとも印象に残っていることは？」と別々に質問したところ、4人はみんな「明治座！」と即答している。それだけ衝撃的で濃密な時間だったわけで、さすがにそれを「余計な寄り道」とは言えないだろう。

芝居の内容が時代劇、しかも忍者（くのいち）がテーマとなっているので、クライマックスシーンでは殺陣《たて》が大きな見せ場となってくる。

彼女たちの身体能力とリズム感があれば、さほど難しくはないのでは、と考えてしまいがちだが、今回に関してはそれがマイナスに作用してしまった。

「たしかに君たちの殺陣は綺麗だけど、あれでは単なるアクロバットだ。そこに闘いがないって、殺陣の先生に指摘されちゃったんですよ」

そう教えてくれたのは玉井詩織だった。

「毎日、やっているうちに上手くなるんじゃないかって思っている方もいると思うんですけど、逆に慣れが危ないんですよ。ひとりでやっているんじゃなくて、相手の方がいてこその殺陣じゃないですか？　自分で勝手にリズムを作ってしまうと、もう相手の方と合わなくなってしまうし、それがケガにもつながったりする。だから、公演中も毎日、朝からみんなで集まって殺陣の稽古をするんです。**そうやって精度を上げて、緊張感も持続させていくんですよね**」

つまり、公演がスタートしても、千秋楽を迎えるまで、まったく気を抜けない日々が続く、というわけだ。さらに劇場ならではのしきたりもあるから、いつものように楽屋でわちゃわちゃしているだけではいられない。

この時点では、まだ情報が解禁されていなかったが、百田夏菜子はヒロイン役を務めた映画『すくってごらん』の撮影をした流れで、この明治座公演に臨んでいたので、演じることについてかなり真剣に考えていた。

そもそも、この芝居では百田夏菜子が珍しく脇役に回ることになる。それだけでも新鮮なことなのだが、当の本人はそれこそセリフの声の高さひとつから、日々、悩み、考え抜いていた。

その一方で、アクションシーンが上手くいかずに、舞台監督から「じゃあ、そのシーンはカットしよう」と提案されると、誰も見ていないところで黙々と練習を続け、見事にやり遂げてみせた、という。もちろん、誰も見ていないはずもなく、スタッフはその陰での努力にみんな感激していたらしい。

変な話、アイドルの特別公演だと割り切ってしまったら、大変な部分はスルーして、もっと楽にやる方法はいくらでもある。周りをプロの役者さんたちがガッチリ固めてくれているのだから、なんとかしてもらおうと思えば、いくらだって楽をできる。ただ、4人はあくまでも真摯《しんし》に、そしてまっすぐに舞台に向き合った。

すべてを終えて、もう大変なことをする必要がなくなったというのに、高城れには「これからの仕事にまったくつながらなくてもいいから、時間ができたときに、また殺陣の稽古を真剣にやってみたい。**なんか自分を変えることができそうな気がするの**」とまで言った。そんな気持ちにさせるほど、ももクロにとって明治座公演は忘れることができない、そして、これからの芸能生活で間違いなく役に立つ貴重で特別な日々となった。

◆千秋楽、座長の涙……そこにいくつもの「理由」

明治座は座席数に限りがあるので、いかに取材とはいえ、連日にわたり足を運ぶことはできなかった。

それでもやっぱり初日と千秋楽だけは見ておきたかったので、その2公演だけ取材をさせてもらうことになった。

千秋楽、指定された席に行ってみて驚いた。

隣に座っていたのが佐々木彩夏のお母さんだったからだ。

もっとも普段のコンサートでも、佐々木家や高城家のみなさんの席と近くなることはよくあるので珍しいことではないのだが、「座長の親」の真横で千秋楽を見守る、というのは、さすがに初めてだし、きっと二度とない経験だと思う。

とはいえ、観劇中はおしゃべりをするわけではないので、ひたすら舞台に没頭する。

初日ではいくつか散見されたミスも改善されており、特に殺陣の進化は思わずうなってしまうものがあった。

共演者に松崎しげると国広富之（つまりは『トミーとマツ』の名コンビ！）がいるので、物語にはしっかりとメリハリが付いているのだが、それだけに殺陣が決まるとより印象が引き締まる。

けっしてスポーツが得意ではない佐々木彩夏の殺陣は、初日の段階では「大丈夫かな？」とハラハラしてしまう部分もあったが、千秋楽ではお見事の一語に尽きた。

公演が終わって、佐々木彩夏のお母さんに「無事に終わってよかったですね」と声をかけると、かなり食い気味に「もう終わっちゃうの？　もっと見たかった！」と語ってくれた。すると舞台の上では、好評につき２０２１年にも明治座でももクロ一座の特別公演が明治座で行われることが電撃発表された。

「えっ、来年じゃなくて再来年？」

さすがにこの時点では、佐々木彩夏のお母さんならずとも、そう思ってしまったはずなのだが、今になって思えば、もし２０２０年に開催することになっていたら、無事に開催されたかどうかわからないわけで……（２０２０年11月の段階で、２０２１年の公演に関しても正式なアナウンスはない）。この時点で「未来のがっかり」がひとつ回避されていたかと思うと、何がどう幸いするのか、本当にわからない。

最後の挨拶で、珍しく佐々木彩夏は涙をこぼした。

いったい、どんな想いがこもった涙だったのか？

「座長といっても、何をやったらいいかわからなかったし、いろいろ悩んだりもしたけれど、千秋楽まで無事に完走できてホッとした。まずはその涙。私は座長だったんじゃなくて、メンバーを含めて、周りの方たちがみんなで私を座長にしてくれていたんですよ。だから、本当に感謝しかないし、ありがとうって。そんな気持ちが入り混じった涙だったのかな」

２０２１年も公演が行われる、となったとき、普通に考えたら、座長はメンバーで持ち回りにしよう、という意見が出るはずなのだが、**３人は迷わず「次回も座長はあーりんで！」と言った。**

それこそが最大の賛辞であり「周りの人が座長にしてくれた」と語る佐々木彩夏が、誰もが認める座長になった瞬間でもあった。

「でもね、ちょっとだけ悔し涙もあるかもしれない」

佐々木彩夏は真剣な表情を浮かべて、ちょっとドキッとするようなことを言った。

「千秋楽の殺陣のシーンで一か所、間違えちゃったんだよねぇ」

ただただ絶賛するしかなかった殺陣だが、じつは小さなミステイクがあったのだといい。正直、言われなかったらわからないミスだし、客席からわからないのだから、それはもうＯＫだと思うのだが……。

「そこは完璧主義だから、ちょっと悔しいのよ、アハハハ！」

座長とアイドルの顔をクロスさせて、佐々木彩夏は豪快に笑い飛ばした。それは２０１９年の夏でしか見られない表情だった。

こういう場で新しく好きになってくださる方がいるのは本当にありがたい

百田夏菜子

◆ここまで実り多き「フェスの秋」はきっと初めてだ

真夏の西武ドーム、そして明治座公演を乗り越えたももクロが迎えた２０１９年の秋。それは「実りの秋」という言葉がもっとも似合う季節となった。

その端緒《たんしょ》は6月に感じていた。

6月22日、横浜・赤レンガ倉庫にて開催された「私立恵比寿中学」の開校10周年を記念した『ＭＵＳｉＣフェス』。そのステージに、ももクロは〝姉貴分的存在ゲスト〟として招かれていた。

単なるアイドルフェスであれば、わざわざバンドを引き連れていく必要はなかったのかもしれないが、錚々《そうそう》たるミュージシャンが顔を並べるフェスである。だから、ももクロはがっつりと魅せて、聴かせるパフォーマンスを優先した。だから、ダウンタウンももクロバンドと一緒にステージに上がったのだ。

会場の最後方で見ていたら、ももクロの出番になると、ステージに背を向けて、会場を後にしようとする人たちが少なからずいた。

僕は残念ながらエビ中をそこまで追えていないので（スケジュールが重なったりするので、ももクロとエビ中を同じ熱量で追いかけるのは事実上、不可能なのである）、詳しい事情はわからない。けれど、もともと、ももクロのファンで、そこからエビ中に流れていった人たちの中には、「もはやももクロには1ミリも興味がない」という人が少なからずいるようだ。

ステージに背を向けた観客の中にも、そういう人もいたと思う。

ところがある瞬間、みんながステージを振り向いた。

セッティングをするバンドメンバー。

そこに流れてくるJUDY AND MARYの『そばかす』の旋律。

えっ、と振り返った人たちがびっくりした表情でこう言った。

「なんでジュディマリのTAKUYAがここにいるの⁉」

すっかりダウンタウンももクロバンドの常連としてモノノフのあいだでは、そこにいてくれることが当たり前のようになっていたTAKUYAだが、そんな事情を知らない人だったら、びっくりするのも当然だ。

振り向いた人たちの視線がステージに釘付けになっているうちにももクロが登場する

と、一度は背を向けた人が客席前方へと向かっていき、いつしか振りコピに興じていた。

これぞ、音楽の力。

この日のパフォーマンスを見ていたマネージャーの川上アキラは、「よしっ、決めた。今年のフェスは全部、バンドさんと一緒に回ろう！」と発言した。

ものすごくサラッと言ったのだが、本当にその場で決めたのなら、けっこうとんでもないことを口にしていたことになる。もともとメンバーだけで参戦することになっていたとしたら、一気に座組は数倍の人数になってしまうわけで、もう移動からスケジュールを組み直さなくてはいけない。

ただ、もう2019年のももクロには、「でも、そうしたほうが絶対にいい！」という空気が漂っていた。

毎年、さまざまなフェスに出演しているももクロは、未だに新しいファンを獲得して帰ってくるほど、力強く爪痕を残してくる。

百田夏菜子も「10年以上やってきても、まだ私たちを知らないという人たちはたくさんいるし、**こういう場で新しく好きになってくださる方がいるのは本当にありがたい**」と語る。

そんな場で最高で最新の姿を見せようと思ったら、生バンドでのパフォーマンスに尽きる。未だに「どうせアイドルでしょ？」というちょっと斜めな視線でももクロのステージを見たり、最初から見ないという選択をしてしまう人たちがいる中で、ブ厚い音を奏《かな》でるバンドを背負って、その音に負けないパフォーマンスを魅せる4人の姿を見てもらうことができれば、こんなにも説得力のある話はない。

◆大トリを務めたことで味わえたイナズマロックの醍醐味《だいごみ》

「全部」とはいっても、秋のフェスシーズンのトップを飾る松崎しげる主催の『黒フェス』はさすがに例外だろう、と勝手に思っていた。

なぜならば、会場がライブハウスの豊洲ＰＩＴだから。広大な野外会場で開催される他のフェスとは、ちょっとばかり毛色が違う。

だが川上アキラは「例外なんてありませんよ。今年のフェスは全部、バンドさんと回ると決めたので！」と力強く宣言した。

そこから毎週のようにももクロはフェスに出演する。

まるで全国ツアーのごとく、週末のたびにももクロとバンドメンバーは日本のどこかで歌い、踊り、演奏していた。

そんな中でも『氣志團万博』では茶番に全力投球。

スタッフも総動員でラグビーのトライシーンを再現するために、必死のリハーサルが舞台裏で繰り広げられたが、撮影の打ち合わせのために立ち会ったWOWOWのスタッフがみんな「???」となってしまうほど、常人には理解不能なバカバカしさ。

本番では氣志團との感謝状の交換で、思わず観客がホロリときてしまうほど感動的なシーンもあったというのに、最後の最後は茶番で落とす、という徹底ぶりだった。

同じく常連となっている『イナズマロックフェス』では、主催の西川貴教を差し置いて、2DAYSのラストを飾る大トリを任された。

もちろん、その重大さはメンバーもわかってはいたが、本番直前にバックステージでコメント撮影をしているときに「これは前代未聞のことです」とインタビュアーに言われて、メンバーは「えっ、えーっ！」となった。

一応、自分たちの出番が終わったあと、「アンコールがかかったら、そこで西川貴教を呼び込み、共演でフィナーレを飾る」ということになっていたのだが、ステージに上がる直前になって、誰ともなく「ねぇ、これ、アンコールがかからなかったら、どうすればいいの？」という話になった。

そんなドタバタを感じさせないような堂々たるパフォーマンスに、アンコールが自然発生。西川貴教……というかT.M.Revolutionと『Meteor』をコラボ。歌が西川貴教、演奏がダウンタウンももクロバンド、そしてバックダンサーにももクロという布陣で見事に大トリの責任を果たしてみせた。

メンバーは最終の新幹線で東京に戻らなくてはいけなかったので、ステージ裏に車をつけてもらい、そのまま飛び乗る予定だったのだが、その直前に琵琶湖畔に大きな花火が打ち上げられた。

思わず足を止めて、花火に見入っている4人。

イナズマロックのエンディングでは恒例の花火なのだが、いつも早めの出番で、エンディングを待たずに帰京してしまうももクロが、その圧巻のシーンを目撃するのは初めてだった。

大トリを務めたことで、初めて味わえたイナズマロックの醍醐味。

車に乗り込むまでのほんの数十秒だけの出来事だったが、メンバーの表情は本当に幸福に満ちみちていた。

２０１９年は自然災害や台風の接近で、多くのフェスの開催が危ぶまれていた。この日も例外ではなく、台風の影響で夕方まで雨が叩きつけておりヒヤヒヤさせられたが、今となっては、当日までやるやらないかでヤキモキする日々ですら、なんとも懐かしくいとおしい。

まさか２０２０年には、ほとんどのフェスが通常開催不能となり、無観客、あるいはオンライン形式での展開を余儀なくされることになろうとは、この段階では誰ひとりとして予想だにしていなかった――。

アイドルちゃんたちには
キラキラしていてほしいし、
そのためにキラキラできる
場を提供することぐらいしか、
今の私にできることはない

……佐々木彩夏

◆2020年代のアイドル業界のために！

いささか順序が逆になってしまうが、２０１９年12月30日にパシフィコ横浜で開催された『AYAKARNIVAL2019』について、ここで書き記しておきたい。

「佐々木彩夏がオーガナイザーを務めるアイドルフェスを開催したいので、メディアのみなさんにご協力いただけないだろうか？」

そんなお声がかかったのは、10月のことだった。

きっかけは２０１９年の大晦日に横浜アリーナが急きょ、空いたこと。横アリを押さえることができたので毎年、恒例となっている年越しイベント『ももいろ歌合戦』をここで開催することになったのだが、すでにパシフィコ横浜もキープしてあった。

このままバラすのももったいない、ということで「何かイベントができないか？」という話になったのだが、かねてから「アイドルイベントをやりたい！」と言ってきた佐々木彩夏に「一日、会場を託そう」というプランが急浮上したのだ。

実際、２０１９年６月には、横浜アリーナでソロコンサートを開催する際、開演前に横アリのありとあらゆる場所にステージを設置。参加を希望してくれたアイドルたちがパフォーマンスを展開する、というかなりフリーダムなイベントが行われていた。

その名も『ヨコハマあーりんコレクション』。

いわばアイドルたちに場所を提供したわけだが、それだけでは終わらず、自身のソロコンサートのアンコールでは、フェスに参加したアイドルたちに外周ステージに登場してもらい、1万人を超える大観衆の前でも紹介している。

もっと驚いたのは終演後だ。一度、楽屋に戻ったのは確認できているのだが、それから何十分経っても佐々木彩夏が出てこない。

ひょっとして楽屋でダウンしてしまったのか？

それとも、裏口からこっそり出てしまったのか？

じつはコンサートが終わったあと、佐々木彩夏はフェスに参加してくれたアイドルたちの控室を訪れ、一組一組に「ありがとう」とお礼を述べた上で、それぞれのグループとの記念撮影に応じていた、というのだ。

なんという神対応！

なるほど、そこまでやっていたら、何十分もかかってしまうが、自身のソロコンサートでは演出家として、細かい部分にまで携わっているだけに、終演後はドッと疲れが出るはず。それでも笑顔でアイドルたちに挨拶をし続けている……これはもう「場所を提供した」という範疇《はんちゅう》を大きく超えている。

「アイドルちゃんたちにはキラキラしていてほしいし、そのためにキラキラできる場を提供することぐらいしか、今の私にできることはない」

これはもっと世間的に評価されてもいいと思うのだが、佐々木彩夏は年に一回、横浜アリーナクラスの大会場でソロコンサートを開催し、毎年、超満員の観衆を集めている。これができる存在はほとんどいないわけで、もはや〝日本一のソロアイドル〟といっても過言ではないのだ。

そして、彼女はその動員力をアイドル業界全体に還元しようと考えていた。

まだ、ももクロが無名だったとき、さまざまなアイドルイベントに参加することで、たくさんのアイドルファンにその存在が見つかり、そこからブレイクしていった、という経緯がある。アイドルがキラキラできる場を提供し、そこで本当にキラキラしていたら、きっと誰かが見つけてくれる。

大会場に1万人以上を動員できる佐々木彩夏だからこそ、そういう場を提供できるわけで、2020年も7月12日に横浜アリーナでのソロコンサートが決まっていたので、「この試みは継続してやっていきたい」という話になっていた（ちなみに横浜アリーナには会場内に小ホールが併設されており、そこをフェスのメイン会場とすることで、たくさんの観客に見てもらうことが可能となった）。

そのまえに突如、降ってわいたイベント開催プラン。

パシフィコ横浜は5000人ほどのキャパを誇る、なかなか大きな会場だ。それだけに、しっかりとしたイベントを作らなければならない。

正直な話、イベントまで約2か月しかない状態で、イチから構築していくのは、いくらなんでも時間が足りなすぎたが、このイベントに賛同した人たちは、みんな同じ気持ちを抱いていた。

「なんとしても2019年のうちに開催したい！」

当たり前の話だが、この段階ではまだ新型コロナウイルスが世界中に蔓延して、たくさんの観客を集めてのイベントが開催できなくなる、ということは誰ひとり知らなかったし、だからこそ「難しそうだったら、来年に開催を延ばそうか」という話も出たのだが、そのたびに「いや、2019年のうちにやらないと意味がない！」となったのだ。

◆2020年代に「アイドル黄金時代」をつなげたい！

2010年代は「アイドルの時代」だった。

ちょうど2010年ごろから「アイドル戦国時代」と呼ばれるムーブメントが巻き起こり、その主役のひとりとなったのが、まだ名前にZが付いていない6人組の「ももいろクローバー」だった。

すでにAKB48が国民的アイドルの名をほしいままにしており、そこから平成最大のアイドルブームが日本列島を席捲《せっけん》することになる。

あれから10年。

未だアイドル界隈《かいわい》には熱があるものの、やはり、一時期に比べたら落ち着いてきてしまった感は否めない。

それは仕方のない部分もある。

アイドルの旬は短い。

10年前から活動しているアイドルグループの数は少なくないが、そのほとんどが主要メンバーの卒業と、新メンバーの加入の繰り返しで、当時、最前線に立っていたメンバーはもう残っていない。

ずっと同じメンバーで活動し、なおかつ10年以上、最前線で活躍しているももクロの存在はやはり「特例」なのだ。

そうやって歴史を見続けてきたからこそ、まだ熱が残っているあいだに、なんとか次につながるイベントを開催して、２０２０年代も「アイドルの時代」であり続けるように何かを仕掛けておきたい。

なんとなく２０２０年になってからでは遅い、というのがイベントに関わる人たちの共通認識になっていた。大晦日だと、どうしても年をまたいでのイベントになってしまうから、事実上、12月30日が「最後の一日」ということになる。たまたま、この日に会場が空いたことも、何か運命を感じるではないか。

あくまでも佐々木彩夏がオーガナイザーではあるのだが、基本的には各メディアが全面的に協力し、会社の壁を越えて一夜限りの祭典を開催しよう、ということになった。

基本線としては、各媒体から「２０２０年、このアイドルが来る！」というグループ（ただし、結成から5年以内）を1組、推薦してもらう。

推薦した媒体には、そのままイベントへの出演交渉もしてもらい、話がまとまった暁《あかつき》には誌面で佐々木彩夏と推薦したアイドルとの対談企画などを掲載。同時多発的にこのイベントに対する特集記事が世に放たれることで、話題を拡散しよう、という狙いだ。

もちろんイベント自体はスターダストプロモーションが主催するのだが、なるべく、その色がつかないように、という配慮もあった。じつはももクロの妹分アイドルを推す媒体もあったのだが、そういう流れもあって今回は「スタダ以外のアイドルから選出」という内々でのルールも定められた。

もうひとつ、こういう形にした裏には、「なるべく佐々木彩夏の負担を減らしたい」という意図もあった。

ももクロの年末は忙しい。

クリスマスに『ももいろクリスマス』があって、大晦日には『ももいろ歌合戦』がある。1週間のうちにふたつもビッグイベントがあるのだ。

メンバーも「ウチは忙しいときとそうでないときの差が極端すぎるんだよ！」と毎年、苦笑するのだが、クリスマスと大晦日の日付ばかりは勝手に変更することができないので、これぱっかりは致し方ない。

そこにもうひとつ、イベントが加わる。

こうなると、さすがに佐々木彩夏の負担が大きすぎる。だからこそ、出演交渉を含めた煩雑《はんざつ》な作業は各メディアが担当し、本人にはイベントの「顔」としてゆったり構えていてほしい、という想いがあった。

それでも、本人はがっつりと絡んでしまうのである。

最初の顔合わせとなったミーティングにも、佐々木彩夏は出席。ラフにパーカーを羽織った私服姿で会議室に現れた佐々木彩夏は、このイベントの概要を参加者に伝えると、話し合いの途中で退席することもなく、最後まで真剣に参加していた。

こういうパターンだと、アイドルが「あれをやりたい、これもやりたい」とアイデアを出して、それをスタッフが具現化していくことが多いのだが、もう開催まであまり時間もないので、あれもこれも、というわけにはいかない。

だから、必然的に「それはできません」と答えることが多くなるのだが、それを佐々木彩夏は**「すごく新鮮だった！」**と述懐する。

「いつもコンサートとかに意見を出すんだけど、やっぱり『それは無理』って言われることが多いのね。ただ、それは私が意見を出して、スタッフさんたちが会議にかけてくれて、話し合いの結果、やっぱりダメでしたってことなのよ。もちろん、私はダメだと言われたら、仕方ないよねってあきらめるんだけど、なんでダメなのか、どこが難しいのかってことはわからなかったの」

話は続いた。

「それが今回、何度も会議に参加させてもらって、みなさんが話し合いをしているところを見ることができた。そこで『あぁ、なるほど。こういう理由でダメなんだ』とわかったの。それがすごく新鮮だったし、そうだよね、大きなイベントを短時間でやろうと思ったら、いろいろ難しい部分もあるよねって。**きっと、この経験はこれから私がいろいろなイベントに関わっていく上で役に立つと思う！**」

彼女の偉いところは、そうやって出された回答に対して、いっさいわがままを言わないことだ。ダメだと言われたら、もうそれ以上はゴネたりしない。じゃあ、違うやり方を提案して、少しでも理想に近づけようと考え方を変える。

これは何年も前からイベントやコンサートの演出に関わり、それこそ全体の予算感も含めて「現実」を見てきたからだと思う。

さらにファンの目線を大事にする。

会議が終わったあとに、その場から生配信をして、ファンの人たちに「どういうものが見たい？」と問いかける。これに関してはスタッフが投げかけるよりも、何十倍、何百倍の声が返ってくるし、その意見はかなりリアルなものになる。

そういった意見を丁寧にピックアップして、実際にイベントに落とし込んでいく作業は、まさに佐々木彩夏が中心になって行われた。

僕はすべての会議に出席しているのだが、ひょっとしたら、その次ぐらいに佐々木彩夏の出席率は高かったのではないか？

みずからをPPP（ピンク・プレイング・プロデューサー）と称した佐々木彩夏。たしかにイベント当日は「プレイヤー」としての一面が押し出されることになるのだが、まだ企画が表に出ない段階から「プロデューサー」として、大活躍していたのである。

◆従来のアイドルフェスとは一線を画す陣容

イベント名は『AYAKARNIVAL2019』に決まった。

会議というか、ほとんど雑談の中で生まれたタイトルでホワイトボードに殴り書きされていたものが正式名称となった。

佐々木彩夏のこだわりとして「フェスという言葉は使いたくない。今までのイベントと同じだよねって思われるから」がまずあり、「まだ成功するかどうかもわからないから、第1回とは銘打ちたくない」という主張から、最後に2019を付けることとなった。

さらに、その場でデザイナーにロゴを発注する、という突貫作業。

すでにスケジュールが埋まっているアイドルもいるため、最終的にイベントの概要を発表するのが遅くなってしまったものの、かなり充実した陣容となった。

まず、SKE48のフレッシュメンバーによる新ユニット「カミングフレーバー」(『BUBKA』推薦)。

続いて、あの指原莉乃がプロデュースする「=LOVE」(『アップ・トゥ・ボーイ』&『ハッスルプレス』のW推薦)。

そして、WACKからは勢いに乗っている「EMPiRE」(『OVERTURE』推薦)。

たしかに「スターダストプロモーション主催」と前面に打ち出したら、ここまで多彩なグループを集めるのは難しかったかもしれない。

せっかくなので、各媒体が2組ずつ推薦して、もっと多くのアイドルを集めたらどうか、という意見もあったが、ここも佐々木彩夏の**「しっかりと持ち時間を長く取ってあげないと、魅力のすべてがお客さんには伝わらない」**ということだわりで、あえて3組にして、1組の出演時間を最低でも45分はキープすることになった。これは演者だからこそ出てくるリアルな意見である。

その一方で、「自分自身は一歩、引いて持ち時間を短くしたい」とのことだったが、あーりんファンがかなりの数、来場するであろうことを考えると、そこは極端に短くはできない。ならば、ということで「すべてのアイドルと1曲、コラボで歌う」という名案が出てきた。あまり議論せずに決定してしまったが、これは佐々木彩夏にかなりの負担をかけてしまうことになる。

出演メンバーが決まると、佐々木彩夏はすべてのアイドルに会いに行った。僕も雑誌の取材ですべての面会シーンに立ち会ったが、名古屋まで出向いて、SKE48劇場の扉を彼女の手で開いてもらったときは鳥肌が立つほど震えた。「あぁ、本当に新時代の扉が開くんだ」と。

その一方で「EMPiRE」との面会では「なんか怖い……」ということで、僕がまるで保護者のように横に座っての座談会となったのだが、蓋を開けてみれば、みんながももクロやあーりんへのリスペクトを抱いてくれていて、一瞬で和やかなムードになった。「＝LOVE」は撮影をしているスタジオにお邪魔したのだが（というか、名古屋でSKE48メンバーと会ったあと、新幹線で帰京し、その足でスタジオに向かった）、気がついたらメンバーが正座をして、佐々木彩夏の話を聞いている、というものすごい光景に。いつのまにか、ももクロや佐々木彩夏がアイドルたちから「憧れられる存在」になっていた。「アイドルブームから10年が経過する」とはこういうことである。

こうしてアイドルの歴史は、次のディケイドにつながっていった。

◆2019年の現実、2020年への夢

こうして開催されることになった『AYAKARNIVAL2019』だが、告知から開催までの時間が短く、翌日には『ももいろ歌合戦』があったり、他のアイドルたちもイベントがあったり、という状況下もあり、観客動員には苦戦することになる。

よくよく考えたらファンは「佐々木彩夏プロデュース」の公演よりも、「佐々木彩夏のソロコンサートのほうが見たい」のだ。他のアイドルのファンも単独ライブがあれば、

そちらを優先する。アイドルフェスといえば夏、というイメージが強い上に、いきなり発表された新規のイベントということで、今回は「見《けん》」に回る人が多かったようだ。

とはいえ、1階席は即座に埋まり、2階席も着実に売れていったのだが、3階席までは埋めることができなかった。

正直、悔しかったが、これが2019年の現実、なのである。

ただ「あと少しで満員だった」という部分で2020年につながったな、という想いもあった。このイベントが定着すれば、来年はもっとお客さんが入るようになる。事実、ネットでの生配信がスタートすると、「神イベだ！」「行けばよかった‼」という声が飛び交いまくっていた。

年が明けてから、各アイドルグループのマネージャーと各媒体の担当者を集め、新年会という名の反省会が行われた。

さすがにその場には佐々木彩夏はいなかったが、誰もが「せっかくいいイベントだったのに満員にできなかったことは無念だ」と語り、「これは2020年にリベンジするしかないでしょう！」と再会を誓い合った。

参加したアイドルが2020年、もっとブレイクしたら、とんでもなくプレミアムなイベントに化ける。

可能であれば、まったく新しいメンバーを集めてのイベントを開催した上で、同じメンバーで再集結してのリベンジ編の2DAYS公演ができれば……そんな夢はどんどん広がっていった。

やはり2019年のうちに開催しておいて正解だったのだ。

これによって、2020年にドラマは紡《つむ》がれた。

順調に活動していく年明けの各グループの動向を眺めながら、いつかやってくる再会の日に想いを馳せていたのだが、まさか、わずか数か月ですべての動きがストップしてしまうことになろうとは——。

メンバー、スタッフさんのひとりでも『えっ、今？』ってテンションだったら、私、新・国立競技場なんて言えなかったよ

……百田夏菜子

◆２０１９年最後のインタビューでの「違和感」

２０１９年11月のある日。年末に発売される雑誌に掲載するためのインタビューを、都内のスタジオでの撮影の合間に収録していた。

この日は広い庭園があるスタジオでの撮影。天気にも恵まれ、朝から日差しを浴びて、なんとなくゆったりと過ぎていく時間を楽しんでいるメンバーがそこにいた。

ここまで書いてきたように、２０１９年のももクロにもいろんなことがあった。しかし、それは２０２０年の暮れに振り返りながら書いて、みなさんも２０２０年にどんな状況になっているかをわかって読んでいるからこそ、すべてがドラマティックに思えるだけで、実際に２０１９年11月の時点では、明治座公演が突出して貴重な経験だったものの、それ以外は例年どおりに時間が過ぎていったような感覚だった。

ものすごく平和な1年、である。

インタビューはそんな１年間を振り返ってもらいながら、２０２０年の展望を語ってもらう、という趣向だった。

そうなると嫌でも東京オリンピックの話になるし、その流れで新・国立競技場の話題にも触れることになる。

正直、あんまり新・国立競技場の話は出したくはなかった。

本人たちも「いつかはやってみたい」というニュアンスのコメントは出しているけれど、旧・国立競技場のときのように「何がなんでも！」という空気感ではない。

「いつやるの？　いつぐらいまでにやりたい？」と聞くのも、なんだかプレッシャーをかけるようで嫌だったし、実際問題として、新・国立競技場が年に何回ぐらいコンサートに使えるのか、といったあたりのことはまだわかっていない。東京オリンピックが終わらないことには、その先のことは見えてこない、という段階だった。

国立競技場でのコンサートに価値があったのは、本当に限られた回数しかコンサートに貸し出されなかったからだ。結果として、数えるほどのアーティストしか、あの舞台には立っていない。

僕がももクロを追い始めた２０１１年には、すでにももクロは「国立競技場でコンサートをやりたい！」と公言していた。

ただ、この時点では「そんなものは実現するはずがない」と誰もが思っていた。まさに「夢のまた夢」でしかなかったが、紅白歌合戦に初出場したあたりから「ひょっとしたら実現するかも？」という「夢」に変わった。

初めて紅白に出場した翌朝、つまり２０１３年の元旦、ももクロはバスに乗って思い出の地を回る、というロケをしていた。その模様はネットで生配信されていて、途中でこのロケのゴールを察知したファンは、先回りして現地で待ち構えていた。

その場所こそが旧・国立競技場だった。

バスの上から百田夏菜子が「必ずここでコンサートをやります！」と宣言をした。僕もそのバスに同乗させてもらっていたのだが、新年早々、どえらい現場に立ち会ってしまった、と震えたことを覚えている。

マネージャーの川上アキラは、「宣言するんだったら、このタイミングしかないでしょう」と言った。

大きな目標である紅白歌合戦への初出場。

しばらく、その余韻に浸っているのもひとつの手であるが、その感動が日本中のファンの脳裏に生々しく残っているうちに、次なる目標に向けて走り出したほうがインパクトはある。事実、ここからももクロはファンと一丸になって、国立競技場への道を驀進《ばくしん》していく。

夢を提示し、ファンと共有する。

そのためには提示するタイミングは本当に大事だ、と思った。

しかし、このとき、百田夏菜子の、そして他のメンバーの脳裏に描かれていたのは、目の前にある国立競技場ではなかった。あのときにファンと約束をした「国立」とは、2020年にオープンする予定だった新・国立競技場のことだったのだ。

すでに旧・国立競技場は建て替えのため、2014年に取り壊されることが発表されていた。メンバーも「いくらなんでも、来年までに国立競技場へ到達するのは無理」と思っていたし、だからこそ、「7年後に新・国立競技場でコンサートをやる」という宣言をしたものだとばかり思っていた。

ところが2014年3月、ももクロは旧・国立競技場でコンサートを開催することとなる。取り壊し直前、滑り込みで間に合ったのだ。

国立決定の発表があった真冬の西武ドームで、メンバーが大号泣したシーンはもはや伝説と化しているが、あそこまで大泣きしたのは、もちろん目標が実現した喜びが大きかったこともあるが、すっかり7年後に叶う遠い夢だと思い込んでいた国立競技場が、突然、目の前に現れた驚きの要素もあったからなのだ。

そんな「遠い夢」だった新・国立競技場がついに完成した。

しかも、メンバーは聖火ランナーを務めることになっている。自分たちが運んできた聖火の行き先は、新・国立競技場である。

そうなったら、もう意識せざるを得ない。

ところが国立の話になると、それまでニコニコしながら話していた百田夏菜子が急に口ごもり始めたのだ。ぶっちゃければ、**遠回しに「今、その話はしたくない」という雰囲気すら漂わせていた。**

そのときはまだその真意に気づけずにいた。

ただ、なんとなく「違和感」だけを覚えて、ももクリ当日を迎えることになった。

◆そのとき、広大なさいたまスーパーアリーナが小さくなった……

ここ数年、『ももいろクリスマス』はシンプル・イズ・ベストの演出になってきていた。

とにかく「歌声を聴かせる、届ける」ことをメインテーマに据えたコンサート。それだけ彼女たちの歌がライブにおける「武器」になってきた証拠である。

２０１８年のももクリが終わったあと、演出の佐々木敦規に「いい意味で、佐々木さん、仕事がないじゃないですか」と冗談交じりに声をかけた。

「たしかにそうだよね。でもさ、セットとかをシンプルにしているでしょ、歌を聴かせることを重視しているから。俺の仕事はシンプルになったセットが『質素』に見えないような演出をすることですよ」

今まではサプライズを仕込んだり、ありとあらゆる試みをコンサートの中に注入してきた演出家が、ここまでももクロの歌に対して全幅の信頼を寄せている……これはすごいことである。

だが、２０１９年のももクリはちょっと違った演出になっていた。

タレントの中山秀征を案内役としたエンターテインメントショー。ざっくりとしたテーマに「昭和歌謡」の四文字があったが、昭和30年代、つまりは前回の東京オリンピックのころに、まだ普及したばかりのカラーテレビからお茶の間に届けられたＴＶショーの世界、である。

こういう演出が取り入れられると、「スタッフがおっさんばかりだから……」という声が上がるものだが、さすがにこの時代をリアルタイムで体感しているスタッフはほとんどいないし、案内役の中山秀征ですら直撃世代ではない。

ただ、テレビの黄金時代を作ったナベプロの王道を継承した中山秀征にしか、今、この役回りを任せられる人材はいない。

平成のテレビ文化を作った人たちが、あえて自分が生まれるまえの昭和のカルチャーを引っ張り出し、それを令和の時代にももクロへと託す。

だから、きっと、２０１９年のももクリの真価が問われるのは、もう少し時間が経って、令和の文化が成熟してからなんだと思っている。

エンディング。

いつものようにメンバーがこの日の感想と観客への感謝の言葉を順番に述べていく。

最後に挨拶をした百田夏菜子は「まだみんなと一緒に見たことがない景色があるんだろうなぁ～」と切り出した。

「最近、メンバーとも将来の話をなんとなくするんですけど、やっぱりどうしても見たい景色があるんですよ」

もう、この段階で多くの観客の頭の中には同じ景色が浮かんでいたはずだ。そして、僕は先日のインタビューで、その景色について質問したときの夏菜子の複雑な表情が脳裏をよぎっていた。

「それは……新・国立競技場です！」

夏菜子がそう言った瞬間、あんなに広いさいたまスーパーアリーナの空間がギュッと小さくなったような不思議な感覚に襲われた。

記者席はメインステージの対面のスタンド席に設けられていたので、ある意味、いちばんステージから距離的には遠い席、ということになる。

だが、本当に時空がゆがんで、4人が手を伸ばせば届きそうな位置に立っているように思えた。涙で視界がおかしなことになっていたからかもしれないが、その場にいるすべての人が同じ思いを抱いたとき、こんなことになるんだな、と感動した。

「えっ、やっぱり？」

後日、夏菜子にその話をすると、じつはステージからも客席がグッと近づいた感覚を覚えていた、と言われた。

「お客さんがものすごく近く感じられて、あぁ、みんなで私たちに手を差し伸べてくれているんだ、支えてくれているんだって、本当に心強く感じた」

そう語る夏菜子は、先日のインタビューで国立の話題をはぐらかしたのは、まさにももクリで発表するかどうかで悩んでいた時期で、ももクリの会場で販売される雑誌ではあまり語れなかった、と明かしてくれた。

昔は「夢のまた夢」だったから、なんにも考えずに連呼できたけれども、今は「新・国立競技場」というキーワードはあまりにもリアルすぎる。

それに今、あれだけ大きな会場でコンサートをする、ということは非常にハードルが高いし、もし宣言をしたところで実現しなかったら、ファンの人たちを失望させることになってしまう。だからこそ、本当はずっとこの案件についてはぼんやりさせておいたほうが、気持ちとしては楽だったのだ。

でも、あと1週間で2020年はやってくる。すべての国民の目に新・国立競技場が飛び込んでくる夏は、すぐそこまで来ている。

初の紅白出場の翌朝に「このタイミングしかない」と国立競技場へと向かったように、新・国立競技場にみんなで向かうことを宣言するのは、2019年のももクリのエンディングが最後にして最高のタイミングだったのだ。

「でも、悩みましたよ、そりゃ。悩んだっていうより、覚悟がいりました。でもね、メンバーがみんな同じ方向を見ているってわかっていたし、何よりもね、一緒に仕事をしてきたスタッフさんたちも同じ方向を見てくれていたんですよ。

だから、あのとき、私は言えたんですよ。**もしね、メンバー、スタッフさんのうち、ひとりでも『えっ、今、言うの？』『それはちょっと違うんじゃない？』っていうテンションだったら、私、新・国立競技場なんて言えなかったよ。**

あのとき、本当にみんなの気持ちがひとつになっていたのね。そんなチームにいられるなんて、本当に奇跡だよなぁ〜って」

そして、ファンの気持ちもひとつになった。

２０１４年3月16日。

旧・国立競技場の聖火台の上から、百田夏菜子は「みんなに笑顔を届けるという意味で天下を取りたい」と宣言し、以降、それがももクロの指針となってきた。その考えは今も変わっていないし、けっして新・国立競技場はももクロの新しいゴールではない。

「そうなの。今までやってきたことと、これからやっていくことの『線上』にあるのが新・国立競技場。別に立ち寄らないって選択肢もあったのかもしれないけど、私たちの想いが強い場所だし、どうしても『寄っていきたい場所』。もちろん簡単に立ち寄れるような場所ではないってことはよくわかってるけど……」

そう、あのとき夏菜子は日時を指定していない。

いつまでに新・国立競技場でコンサートをやると宣言しなかったことで、この約束は2020年よりも先に投げられた。

だからこそ、2020年に東京オリンピックが開催されないことになり、いつになったら新・国立競技場がコンサートなどでも使用できるようになるかすらハッキリしない日々が続いても、ももクロの未来は揺るがなかった。

本当に2019年に蒔《ま》いてきた、たくさんの種がももクロを救ったのだ。

2020年のももクロについて書いていくはずの本で、2019年の下半期について、けっこうなページ数を割いてしまったが、そのすべてが2020年以降の世界へとつながっていくエピソードばかりなので、何ひとつとして省くことはできなかった。

そして、2020年春。

ももクロは、いや、世界中のエンターテインメントは途方に暮れて立ち尽くす日々がやってくる。いつ、終わるともわからない、まさに「この世の果て」がそこには大きく横たわっていたのだ――。

第二章

まさかのコロナ禍で、禁じられた命《LIVE》

ソロコンの度重なる延期に
高城れにが取った
「愛ある行動」

私はあんなに上手に
歌えたことがない。
曲も喜んでいるよ！

百田夏菜子

◆ももクロのライブに初めて背を向けた日

2020年1月19日。

この日、横浜アリーナではスターダストプラネット所属アイドルが全員集合しての一大イベント『スタプラアイドルフェスティバル』が開催されていた。

ニッポン放送が主催するイベントで、目玉は「若手グループの中からひとりだけシンデレラを決めよう」という企画。全員で先輩グループの楽曲をメドレーで歌っていき、そのメドレーを見た1万人の観客がたったひとりだけ投票できる、というシステムだ。

今どきのイベントであれば、スマホで投票させて、瞬時にモニターで結果を発表する、というシステムを導入しそうなものだ。

しかし、あえて入場時に投票用紙を配り、メドレーのあとに記入してもらい、それを係員が回収してまわる、という超アナログなやり方を取った。このあたり、ラジオ局ならではのこだわりだ。

バックステージには開票するためだけの部屋が設けられ、ホワイトボードに得票数が正の字でカウントされていく、という昔ながらすぎる集計方法。これで1万票を開票していくのだから、どうしても時間がかかる。

つまり、この日のももクロのライブは開票時間のあいだ、ステージに空いてしまう穴を埋めるためのものでもあった。

ももクロのライブのテーマは「最後、『OVERTURE』で終わります」。いつもは終盤に歌われる『灰とダイヤモンド』からしっとりとスタートし、そこからどんどんオープニングへとセットリストが逆流していく。

そこにはある意味が隠されていたのだが、それ以前の問題として、年頭から思わぬハプニングが発生してしまった。

佐々木彩夏がのどの不調を訴え、この日、歌えなくなってしまったのだ。

じつは前日の夜、インタビュー取材で佐々木彩夏に会っているのだが、たしかにのどがちょっといがらっぽい感じではあった。とはいえ、元気いっぱいだったので、当日、横浜アリーナに着いてから歌えない、と聞いてちょっとびっくりさせられた。

ももクロの単独ライブではなく、あくまでも妹分たちが主役のイベントだったので、それでもなんとか成立はする。結局、この日はマイクを持たずにステージに上がり、佐々木彩夏はひたすらダンスに専念、というレアなフォーメーションでパフォーマンスを再構築することとなった。

じつはそのステージを僕はちゃんと見ていない。

2020年の初頭から妹分の「アメフラっシ」のWEB連載をスタートすることになり、この日はその連載用の取材も兼ねていた。

開票用の部屋をのぞいたあと、ももクロがステージへと向かう背中を見送り、さぁ、客席に向かおうと思ったのだが、ステージの裏にはシンデレラ候補のアイドルたちがズラッと並んでいた。

まもなく集計が終わり、ももクロがライブをやっているあいだにその結果がここで発表されるのだという。

その様子は会場では流されず、ももクロのライブのエンディングで『OVERTURE』が流れたあとに、シンデレラがひとりでステージへと降臨する。つまり、ももクロが最後に『OVERTURE』を配したのは、観客が選んだシンデレラが誕生する〝はじまりの合図〟として流すためだったのだ。

結果を待つアイドルたちの顔を見て、僕の足は止まってしまった。

「これはここに残って、彼女たちの行く末を見守るべきではないか？」

幸い、このスペースにはモニターがあって、ももクロのライブもリアルタイムでチェックすることができる。

ほんの数メートル先でももクロがライブをやっているというのに、僕はそれに背を向けて、妹分の取材を優先してしまった。ももクロを追いかけ始めてから9年目。こんなことは過去に一度もなかった。

そういう意味では、自分でもその決断に驚いたが、結果として、阿鼻叫喚《あびきょうかん》の結果発表の場に立ち会って間違いではなかった、と思っている。

シンデレラに選ばれたのはダークホースだった「CROWN POP」の三田美吹。メドレーで歌うパートは抽選で決められたのだが、彼女がゲットしたのは『走れ！』の夏菜子パート。これもラッキーだったが、彼女が見事に歌いこなしたことで、観客のハートをがっちりと掴んだようだ。

他のアイドル現場であれば、戦前にある程度の票読みができてしまうのだが、スタダ界隈のファンは真面目なので「今日のパフォーマンスで印象に残った子に投票しよう」という意識が強く働いたようで、まさにその評価が結果に直結した。

この結果を知った百田夏菜子は、**「私はあんなに上手に歌えたことがない。曲も喜んでいるよ！」**と最上級の賛辞を送った。

この言葉がシンデレラに箔《はく》を付けてくれたような気がする。

しっかりと、ももクロのライブを見なかったことで、ちょっと申し訳なさも感じてはいたが、1か月後には、また横浜アリーナでももクロのバレンタインイベントが開催される。

いつでも見られる、という安心感に甘えてしまったことで、僕は本当に貴重な「2020年のももクロの有観客ライブ」を見逃した。そう、1月の時点ではまだまだコロナの影は感じられなかったのだ。

私のわがままで買ってきてもらったのに、まったく手をつけないのは失礼だよね？

高城れに

◆高城れにが起こした「もうひとつのお弁当事件」

3月に開催される高城れにのソロコンサートに向けて、1月からパンフレットの製作が急ピッチで進められていた。

僕はインタビューを担当するだけで、カメラマンをはじめとして、スタッフは基本的に女性だけで構成されていた。これは高城れにの希望を受けてのことで、煌《きら》びやかな照明が輝くロケ地から、スタジオでの作り込みまで、じつに女子力の高い撮影となった。

スタジオに入ると、その女性スタッフたちが不安そうな表情を浮かべている。

「あのぉ……さっきかられにちゃんとマネージャーさんが揉めているんですけど、大丈夫なんでしょうか？」

たしかに、高城れにと女性マネージャーが大きな声で何やら言い争っている。

いったい何ごとかと近づいてみると……。

「ねぇねぇ、そのお弁当のおかず、私に半分ちょうだい！」

「いいけどさ、だったら高さんのおかずも半分ちょうだいよ。交換ね」

「いや、それはできない」

「なんで？」

「だって、私、もう半分以上、おかずを食べちゃったから……」

「じゃあ、交換はできないね」

「えーっ、ケチ！　ケチ！」

　この日のお弁当はおかずが肉のものと魚のもの、２種類が用意されていた。先に魚をチョイスして食べていた高城れにだったが、女性マネージャーがお肉の弁当を開いたのを見ると、急にお肉を食べたくなってしまったようなのだ。

　非常にバカバカしい言い争いで、ももクロの現場ではよく見かける光景なのだが、この日、初めて仕事をする女性スタッフが、ちょっと離れた場所から見ていたら「なんだかわからないけど、れにちゃんがエキサイトして怒鳴っている」ように映ったようだ。

　女性スタッフに事情を説明すると、それでも「はぁ……」という感じだったが（そりゃ、人気アイドルがお弁当のおかずを巡ってマネージャーと言い争いをしているだけなので大丈夫です、と説明されても、わけがわからないだろう……）、撮影が終わるころには、みんな、すっかり高城れにの虜《とりこ》になっていた。

佐々木彩夏の場合、こういう撮影でも、かなり具体的にイメージを伝えてくれるのだが、高城れには、そうやって言語化するのがあまり得意ではないので「○○な感じ」という輪郭だけを伝えてくる。

だから、作り手側としては「本当にこれでいいのかな?」という不安を抱いてしまうのだが、撮影が一段落すると、高城れにはスタッフのところに行って、こう話した。

「みなさんのおかげで、私が頭の中で思い浮かべていたイメージがそのまま再現できました! こんなにかわいく撮ってくださってありがとうございます。最高のパンフレットになりました!」

そう言うと、彼女は深々と頭を下げた。これにはスタッフも泣きそうになりながら感激。朝からけっこうハードなスケジュールで撮影が進んでいたが、「こんなにうれしい気持ちになったのは初めてです!」と現場にはたくさんの笑顔が花開いた。

そのとき、僕の目の前にはたこ焼きが残されていた。スタッフが買い出しに行くとき、高城れにに「何か買ってくるものがありますか?」と尋ねると「もし、近くにあったらでいいので、たこ焼きが食べたい!」と彼女は答えた。それで買ってきたわけだが、撮影がどんどん進んでいくので食べるタイミングがなかったのだ。

「じゃあ、スタッフで美味しくいただきましょうか」と話していると、私服に着替えた高城れにがやってきて、「せっかく買ってきてくれたのにごめんなさい」とテーブルの上にあるたこ焼きを食べようとした。このあと食事会がある、と聞いていたので「無理に食べなくてもいいよ」と伝えると、高城れには真顔になった。

「私のわがままで買ってきてもらったのに、まったく手をつけないのは失礼だよね？」

そう言って高城はたこ焼きをふたつだけ頬張ると、「ごちそうさまでした。残しちゃって本当にごめんなさい！」と謝りながらスタジオを去っていった。

のちに、ＳＮＳでこの日の食事会の相手が〝霊長類最強女子〟こと吉田沙保里さんだったことを知って、逆にこちらが申し訳ないような気持ちになってしまったが、**これこそが「高城れにの流儀」なのである。**

ソロコンのパンフの撮影なんて、もっとも「女王様」になれる現場である。いくらでもわがままを言っても構わないのに、彼女はひたすら感謝の言葉だけを残して、スタッフを労《ねぎら》ってくれた。

気の利いた言葉が見つからないが、本当に「いい子」なのだ。その「いい子」がこのあとコロナ禍に振り回されていくことになる。

私たちが全員、
30歳になったとき、
また『OVERTURE』で
表紙にしてもらおうよ！
未来なんて
わからないじゃん？

……百田夏菜子

◆ついに迫ってきたコロナウイルスの影……

2月に開催された横浜アリーナでのバレンタインイベントだが、僕は見ることができなかった。当日になって体調を大きく崩してしまったため、大事を取って会場に行くのを遠慮したのだ。

2月上旬の段階では、まだ、そこまで新型コロナウイルスに対するガードは厳しいものではなかったが、タレントさんと接触する可能性があるので、そこは慎重にならなくてはいけない。これがももクロにとって、2020年最後の有観客ライブになるとは夢にも思っていなかったので、そこは割り切ることができた。

それから数日後、雑誌『OVERTURE』の中山編集長から電話があった。

「小島さん、次号でももクロのインタビューを掲載したいんですけど、スケジュール大丈夫ですか?」

それを聞いて「えっ?」となった。

ついこのあいだ『OVERTURE』でメンバーのインタビューをやったばかりだ。2号連続で掲載する、というのは、この雑誌の特性上、なかなかあることではない。

「急な話なんですけど、次号をもって休刊することになりまして……その報告の電話を川上さんにしたら**『じゃあ、ウチも出ますよ！　モノクロページでもなんでもいいですから！』**って言っていただけて……ありがたいですよね」

そんな川上アキラの心意気を受けて、中山編集長は急きょ、裏表紙、そしてカラーグラビアのラスト14ページを空けた、という。あくまでも「廃刊」ではなく「休刊」だが、その歴史のラストをももクロで飾ろう、というのだ。

この漢気《おとこぎ》の応酬にはグッときた。

これはもう、何を差し置いても協力させてもらうしかない。

それにしても寝耳に水、だった。

たしかにアイドル雑誌には厳しい時代が到来していたものの、この『OVERTURE』に関しては堅調なイメージしかなかったからだ。

前年のももクリでも、僕はずっと物販ブースで自著のサイン会をやっていたからよくわかるのだが、もうジェラシーを感じるぐらいに『OVERTURE』が売れていくのだ。

多くの方は僕の本とセットで買っていってくれるのだが、とにかく若い女の子が千円札を握りしめて『OVERTURE』を一本釣りで買っていくケースが多くて、「あぁ、これは他のアイドル雑誌と違う客層をしっかり握っていて強いな」と実感した（佐々木彩夏のソロコンサートのとき、彼女が表紙の号を会場で販売したら、秒速で完売している）。それから2か月も経っていないのに休刊とは……どうやら「売れているうちに店じまいしよう」という上層部の判断だったらしい。

昨年からアイドルグループの解散や、人気メンバーの卒業が相次いでいる。つまり、表紙を飾れるような存在がどんどん減ってきているわけで、それを考えたら、たしかにこの先は苦戦が予想できる。

そうなるまえに、というのは手堅い決断だったと思う。

ちなみに6月売り号が予定どおり発売されていたら、その表紙は玉井詩織にソロで飾ってもらうつもりだった、という。

「それは残念だね」と話していたが、今となっては3月以降は撮影すらできない状況に陥ってしまうわけで、おそらく、その表紙は幻で終わっていた。なんとも絶妙なタイミングでのフィナーレだった。

最後の撮影は2月中旬に行われた。

このころになると、いよいよ新型コロナウイルスの影響が広がり始めており、コンサートを中止するアーティストも出始めてきた。

高城れにのソロコンサートまで1か月を切っていたが、もはや延期を決断しなくてはいけない状況になっていた。

「もうさ、前向きに考えるしかないよね。延期するとなったら、その分、準備期間が増えるわけじゃん？　もういっぺん、いろいろ考えてさ、お客さんがもっと喜んでもらえるようにバージョンアップさせていくよ！」

あくまでも前向きに高城れには延期を受け止めていた。

いつもギリギリまで準備をしているのだが、今年はかなり早い段階でセットリストも決まっていて、「今回はいろんなお客さんに楽しんでもらえると思う！」と手応えも感じていただけに、なんとも残念ではあったが、この時点ではまだコロナ禍が長期化するとは思ってもいなかった。

実際、3月に予定されていたイベントの多くは6月に延期されている。「なんだかんだいって、ゴールデンウィークのまえには収束しているだろうから、ちょっと余裕を持って6月に」というのが業界全体に流れている空気だった。

いや、そのあとの状況を知っているから、これを読んで「何を甘いことを考えているんだ」と思う人も多いとは思うが、本当に2月の段階では、これが世間の常識だった。まだ「ソーシャルディスタンス」という言葉すら浸透していなかったわけで、ここからの数か月間で世の中の常識はとんでもないスピードで変わっていくことになる。

「もし、ソロコンが正式に延期になったらさ、もう一回、インタビューをしてもらっていいかな？　たぶん、私の気持ちも大きく変わっていると思うし、ちょっとみなさんにお伝えしたいことも出てくると思うから」

そのときは完全にボカされてしまったが「気持ちが大きく変わる」「お伝えしたいこと」とは、おそらく秋にＮＨＫで放送されることになる高城れにの主演ドラマ『彼女が成仏できない理由』を指していたのだろう。

それも含めて、高城れにはコロナ禍に巻き込まれてしまった印象が強い。

最後のグラビア撮影も、メンバーは明るく臨んでくれた。

「休刊なんだから、これで終わりではないよね？」

「編集長だって、別の雑誌に異動になって、また取材してくれるかもしれないよね」

こんなにもポジティブな言葉の連続で送り出してもらえたら、編集長冥利《みょうり》に尽きるだろう。そして、百田夏菜子が「いいこと思いついた！」と叫んだ。

「私たちが全員、30歳になったとき、また『OVERTURE』で表紙にしてもらおうよ！　未来なんてわからないじゃん？　お休みしていた雑誌が復活しているかもしれないでしょ？　よしっ、決まり！　これは約束だから、ね、ねっ！」

なんかもう部外者である僕までも泣きそうになってしまった。

そして4人は「今までありがとうございました」ではなく、大きく手を振りながら**「バイバーイ、またね！」**と笑顔でスタジオを去っていった。

ステージの上で起きたことではないけれど、その光景は僕にとって、「2020年上半期のももクロ名シーンのベスト1」である。

自粛期間中、私って
なんなんだろう?って
悩んでいたら、お母さんが
『悩んでいる時間が
もったいないよ』って。
そして……本当に
救われました!

高城れに

お手数ですが
切手を
お貼りください

郵便はがき

150-8482

東京都渋谷区恵比寿4-4-9
えびす大黑ビル
ワニブックス 書籍編集部

お買い求めいただいた本のタイトル

本書をお買い上げいただきまして、誠にありがとうございます。
本アンケートにお答えいただけたら幸いです。
ご返信いただいた方の中から、
抽選で毎月5名様に図書カード(500円分)をプレゼントします。

ご住所 〒 TEL(- -)	
(ふりがな) お名前	
ご職業	年齢　　歳 性別 男・女
いただいたご感想を、新聞広告などに匿名で使用してもよろしいですか?(はい・いいえ)	

※ご記入いただいた「個人情報」は、許可なく他の目的で使用することはありません。
※いただいたご感想は、一部内容を改変させていただく可能性があります。

●この本をどこでお知りになりましたか?(複数回答可)

1. 書店で実物を見て　　2. 知人にすすめられて
3. テレビで観た(番組名:　　)
4. ラジオで聴いた(番組名:　　)
5. 新聞・雑誌の書評や記事(紙・誌名:　　)
6. インターネットで(具体的に:　　)
7. 新聞広告(　　新聞)　　8. その他(　　)

●購入された動機は何ですか?(複数回答可)

1. タイトルにひかれた　　2. テーマに興味をもった
3. 装丁・デザインにひかれた　　4. 広告や書評にひかれた
5. その他(　　)

●この本で特に良かったページはありますか?

[　　]

●最近気になる人や話題はありますか?

[　　]

●この本についてのご意見・ご感想をお書きください。

[　　]

以上となります。ご協力ありがとうございました。

◆初の無観客ライブ、そのとき高城れには……

高城れにのソロコンサートは正式に延期となった。

だが、公演日まで時間がそんなになかったこともあり、会場はそのまま押さえたままになっている。会場だけでなく、当日、出演予定だったダンサーやバンドメンバーのスケジュールもそのままにしておいたので、せっかくだから、何か発信することはできないか、となった。

何よりも高城れにの「ファンのみなさんに何かを届けたい！」という意志が強かったので、急きょ、無観客ライブを開催し、それを生配信することが決まった。

まさに、高城れにからファンへの〝愛ある行動〟である。

しかも無料である。これはのちのち史実として残ることになるやもしれないので、あえて書いておくが、3月の時点で配信ライブを敢行したアーティストのほとんどは無料でお届けしている。

有料へとスライドしていくのは、コロナショックが長期化する、とわかってからのことで、この段階では3月に予定していたイベントを6月に延期し、当初の開催予定日に無料配信、というのが大勢を占めていた。

ただ、ここで違う要素を投入するのがももクロである。

なんと全編VRで生配信、というももクロとしては初の試み。

これは通常のコンサートではなかなかできないことだが、無観客ライブということで、客席のど真ん中やステージの上にもVR用のカメラを設置できるからこその企画。ステージ中央、ステージ下手、そして客席に設置したカメラの映像を3つのチャンネルで同時配信。会場には行けないけれど、少しでも臨場感を味わってもらおう、という趣向だ。

その配信ライブをまえに、じつは非公開で行われていたことがあった。

それは、ダンサーやバンドメンバーも揃っているので、「6月に延期されたソロコンサートのゲネプロをやっておこう」ということだ。

結局のところ、6月に延期された公演も2021年に再延期されてしまい、おそらく、このゲネプロと同じ形で開催されることはなくなってしまったので、ここで詳細を書くことができないのが残念だが、もし、実現していたら、「相当、観客の満足度は高かっただろうな」とだけはお伝えしておこう。

いい意味で、これまでのソロコンとは一線を画した選曲と魅せ方——それでいて、高城れにらしさが失われない、いいライブだった。

そして、配信されるイベントは『高城れにの大感さ祭♡（だいかんさしゃい）』と銘打たれることになった。

スターダストプラネットから「B．O．L．T」、「アメフラっシ」、「CROWN POP」、そして佐々木彩夏が率いる「浪江《なみえ》女子発組合」が参加。

この本ではこれが初出となるので説明しておくと、浪江女子発組合とは佐々木彩夏がプロデューサー兼メンバーを務め、アメフラっシ全員とB．O．L．Tから高井千帆と内藤るなの2人が参加する7人組のアイドルユニットのことである。

福島県の浪江町を本拠地とするローカルアイドルで、月に一回、浪江町でイベントを開催するのが主たる活動だったので、首都圏のステージに立つのは、じつはこの日が初めてだった（コロナの影響で福島県での活動はできなくなってしまった……）。

前半はこれらのアイドルグループが続々とステージに登場してパフォーマンスを披露するのだが、高城れにはMC役として各グループを呼び込み、さらにはパフォーマンス後にトークを展開する、という役回りだった。

トークをする都合上、基本的にステージの袖から各グループのパフォーマンスを見ていたのだが、けっこうな長丁場になるのでスタッフが椅子を用意してくれて、「ここで座って見ていてください」と声をかけていた。

しかし、高城れにはいっさい座らなかった。

ずっと立ちっぱなしで、時には、カメラに映らないギリギリのところまで行って鑑賞している。

さすがに僕も「座ったほうがいいんじゃないの?」と勧めたが、高城れには**「いやいや、私が好きなアイドルグループばっかりだから、ついつい立って見ちゃってるだけだし、全然、苦ではないから大丈夫だよ!」と譲らない。**

そうは言うものの、本当のところは、自分の名前が冠されたイベントに後輩たちが出てくれているのに、「座って見ていたら失礼だ」という気持ちから立って見ているのは想像に難《かた》くなかった。

別にMCだけの出番だったら、それでもいいのかもしれないが、このあと自分のソロステージも待ち構えている。カメラに映らない、つまり視聴者からまったく見えないところで、そこまで礼を尽くす姿勢には、正直、脱帽した。

彼女のソロパートは全6曲。

本来であれば、ソロコンサートで初披露する予定だった新曲あり、サプライズゲストとして乱入してきたお笑い芸人・永野とのデュエットあり、毎年、最後に披露している『3月9日』で締めくくるこだわりもあり……さらにはももクロメンバーの乱入まである豪華版。これが無料配信のライブであることを考えたら、とてつもなく贅沢なプログラムだった。

あくまでも6月にソロコンサートがあることを信じての無観客ライブ。高城れにには「きっと、こんな感じで6月までは無観客だったり、ちょっと距離を取っての活動をちょこちょこやっていくんだろうなって考えてた。まさかさぁ、あの日から3か月以上もステージに立てなくなるなんて……ねぇ」と複雑な表情で振り返る。

これはあとになって聞いたことだが、ソロコンサートもなくなり、ずっと自宅にいなくてはいけない日々を送りながら、高城れにには「私ってなんなんだろう？」と思い悩んだ、という。

「なんにもすることがないっていうか、家で何をやっていても仕事の実にはならないよなって。でも、そうやって悩んでいたら、**お母さんが『悩んでいる時間がもったいない**

よ』って。『なんにもしてないと思っているかもしれないけど、ちゃんと家事を手伝ってくれるし、よくやってくれてると思うけどな』って言ってくれて、その言葉ですごく救われた！

毎日、チラシを見て『その食材はあっちのお店で買ったほうが安いよ！』とか言ってただけなんだけどさ（笑）、**結局、『こんなんじゃ何もできないや』って絶望したりもしたけどさ、人間、どんな環境にでも慣れることができるんですよ。**何もできないと思っている環境下だからこと、じつはできることがあったりもするしね。

無観客ライブも最初はどうなんだろうって思ったけど、考え方を変えればさ、すべての人が同じ距離で、同じものを同時に見ることができるんですよ！　そうやって、いいところを見つけていこうって思えた時間でもあったかな」

だが、これ以降、無観客ライブすらもできなくなってしまう。

ももクロとしてステージ上でパフォーマンスをするまでには、じつに１３６日もの長い長い時間を要することになるのだ――。

メンバーに危険が及ぶぐらいだったら、イベントが延期になっても僕たちは文句を言いません

……モノノフ

◆ももクロと「絶縁」状態になった3か月間

3月も後半になると、いよいよもって雲行きが怪しくなってくる。

不要不急の外出は控えるように呼びかけられ、気がつけば、テレビのニュースはコロナ一色に。毎日「今日の感染者数」がアナウンスされ、その増減に一喜一憂する、というこれまでにはなかった日常が始まろうとしていた。

4月には恒例の『ももクロ春の一大事2020』が予定されていたが、3月20日にメンバーが開催地の福島県に飛び、現地からの生配信で延期が決まったことを告げた。

毎年、全国から応募があった地域で持ち回り開催されている『ももクロ春の一大事』だが、今回は次の開催地を新たに公募することなく、今年、開催する予定だった福島県楢葉町《ならはまち》、広野町《ひろのまち》、浪江町をそのままスライド。2021年4月17日、18日の両日に同じ会場で開催されることが発表された。

1年後への、夢。

このころになると、コロナショックがいつ収束するのかもわからなくなってきていたので、おもいっきり先に延ばしたほうが希望につながる（ちなみにこの数日後、東京オリンピックが1年延期されることが発表されている）。

ももクロとしては『春の一大事』とは別に5月と秋に『ももいろクローバーZ　一大事ツアー２０２０』と題して、全国11か所でコンサートを開催することも発表していたが、こちらも２０２１年に延期された。

そして、高城れにのソロコンサートも２０２１年に再延期。まだチケットを販売していなかった佐々木彩夏のソロコンサート（7月12日、横浜アリーナで開催されることが発表されていた）は中止となったが、同時に来年6月27日に『AYAKA NATION2021』の開催が新たに発表された。他のエンターテインメントと比べて、このあたりのももクロチームの動きは非常に迅速だった。

考え方ひとつだが、「ギリギリまで開催の可能性を探って粘ることがファン想いだ」という捉え方をする人もいれば、「サクッと延期を発表してくれるほうがありがたい」という人もいる。

最初のころはいろいろな意見が飛び交ってはいたが、**モノノフに関しては「メンバーに危険が及ぶぐらいだったら、イベントがすべて延期になっても僕たちは文句を言いま**

せん」という声がかなり早い段階から大きくなっていたような印象がある。このあたりはメンバーとモノノフが長い時間をかけて築いてきた信頼関係だ。

4月7日にはついに東京・大阪など7都府県を対象に緊急事態宣言が出され、基本的に外出を自粛しなくてはならなくなった。

そして、渋谷のスクランブル交差点から人影が消えた――。

50年以上、生きてきたが、こんな経験をするのは初めてである。

こんな戒厳令みたいな状況は戦争でも起きない限りはないだろう、と思っていたし、「少なくとも自分が生きているうちにはないんだろうな」とぼんやり考えていたので、いざ、そんな状況下に叩き込まれると、どうしていいかわからない。

もっともフリーライターという稼業は、毎日、会社に通勤するわけでもないし、取材がない日は家にこもって原稿を書いているので、かなりSTAYHOME度が高かった。そういう意味では、サラリーマンの方と比べたら、受けた影響は全然、少ない部類に入る。

ただ、これは個人的な話になってしまうが、緊急事態宣言が出るまえからコロナとは関係なく心身ともにぶっ壊れてしまい、いずれにしても外出などできないような状況に陥っていたので、むしろSTAYHOME期間に救われた部分もある。

家でコツコツ原稿を書き、Uber Eatsで出前を取る日々。

もはや生きている実感すら、まったく湧いてこなくなった。

他のアイドルに関してはZoomを使ってのインタビュー取材などを頻繁にやってきた。今までだったらスケジュールを押さえることすら難しかったアイドルも、この時期はまったく暇になってしまったので、いくらでも取材ができる、というコロナ禍では珍しいプラス要素も生まれたが、やっぱり現場での阿吽《あうん》の呼吸が通用しないリモート取材は、なんとも慣れない。変な話、そういうことが得意な若いライターに仕事を持っていかれるんじゃないか、と不安になるレベルだった。

ただ、ももクロに関しては、そういったリモート取材すら一切なし！

もっといえば、川上アキラをはじめとする運営チームからの連絡もまったくなし！

3月9日の配信ライブでメンバーに会ってから、緊急事態宣言が解除され、取材ができるようになった6月の頭まで、まるまる3か月間、僕はももクロの取材をしていない。

ある意味、この3か月間、僕もモノノフのみなさんとまるっきり同じ立ち位置にいたことになる。

◆『家にいろ！』から始まる新習慣

いわゆる自粛期間は基本、ずっと家にいたのだが、夜になると困ったことがある。昼間はいつものようにニュースやワイドショーが放送されているのだが、ゴールデンタイムのテレビが完全に焼け野原状態になってしまった。まさかドラマの再放送が連日、地上波で放送されるなんて、誰が想像しただろうか？

僕は「スカイパーフェクTV！」が立ち上げられるときに、新チャンネルの開局に関わっているのだが、当時、民放テレビ局の人たちから「そんなケーブルテレビに毛の生えたようなもので偉そうな顔をするな」とよく嫌味を言われたものだ。

だが、今や地上波のテレビ局がそのときよりもひどい状態にある。

密を避けようとしたら歌番組もお笑い番組も新規に収録することができないから、バラエティーすら再放送や総集編にせざるを得ない。

物心ついたときから、夜はテレビをつけっぱなしにしている生活がずっと続いてきたのに、ついにそれが途絶えてしまった。

そんなタイミングで、ももクロチームは『家にいろ！TV』と銘打って、連日、配信をスタートさせた。メンバーがZoomで集合しての「不定期報告会」も楽しかったが、ゴールデンウィーク期間中に毎晩、配信されたライブ映像はたまらないものがあり、結局、8日間、ずっとリアルタイムで視聴してしまった。

特に感慨深かったのは2018年のバレンタインイベント。映像ソフト化されていないので、僕も当日、現場で見たっきり、目にしたことがなかったのだが、もう目からウロコの連続だった。

この日は4人体制になってから、初めてのステージ。前夜からメンバーが必死に新しいフォーメーションを覚えている姿を間近で見てきたこともあり、当日は「よくやった！」と胸がいっぱいになったものだ。

しかし、今、冷静に映像で見ると、歌もダンスもお世辞にも褒められたレベルではない。こんなにひどかったのか、と絶句してしまうほどだ（のちに百田夏菜子に話を聞いたら『私も初めて見たけど、ホント、びっくりするよね』とひたすら苦笑いしていた）。

ただ、この映像を見たあとに、3か月後の東京ドームでのコンサートを見ると「たった3か月間で、よくぞここまで！」と違う意味で感動できた。

ただただ懐かしい気分に浸るのではなく、脳内で補正がかかっていた記憶を今一度、現実のものに上書きする……。

ゴールデンウィークのゴールデンタイムを連日、そうやって過ごすことができたのは、この仕事をしていく上で、とてつもなく有意義なことだと思う。

◆5月24日、あの瞬間、テレビの前で泣いた……

そんな中で唯一、取材する可能性があった案件がある。

それはももクロと早見あかりが共演した『ソフィスタンス』の広告だ。かなり早い段階で「全員揃って撮影をするので、スケジュールを空けておいてくれませんか？」とお声がかかり、実現した暁には座談会を担当することになっていた。

いつのことだったかは覚えていないが、最初に電話を受けたのは外出先だったので、まだそこまでコロナが深刻化していないタイミングだったと思う。

残念ながら、その話は立ち消えになってしまったのだが、気にはなっていたので、この広告に関する配信などは毎回、チェックするようにしていた。

5月24日に配信された、ももクロと早見あかりのリモートトークも、YouTubeをテレビに映してリアルタイムで視聴していた。

9年ぶりの共演。もう、それを眺めているだけで幸せな気分になってしまったが、配信のエンディングで早見あかりからのサプライズとして、妊娠の報告があり、メンバーはびっくりしながらも祝福していた。

2011年4月10日に涙で見送った女の子が、9年以上経って、メンバーと同じ画面に揃ったときに、もうすぐお母さんになることを告げる。

なんという大河ドラマ!

「そうか、ももクロが『ももいろクローバーZ』になってから、来年でもう10年になるんだな……」

なんかもう、いろんな感情がごちゃまぜになって、溢れる涙が止まらなくなった。

本当に久しぶりに「おめでとう!」という言葉しか出てこない明るいニュース。それがももクロから発信されたことが本当にうれしかった。

そして、その翌日、緊急事態宣言が全面解除となった。

「withコロナ」の新世界で、ももクロがゆっくりと動き始める!

第三章

いざ、人智を超えた領域へ……

MSRS（ももクロ新リアルライブ世界秩序）発動！

空白の136日を経て、玉井詩織「覚醒」

もともと、私たちは
『楽しんだ者勝ち！』が
モットーみたいなものだし、
実際、それでこれまでも
いろんなことを乗り越えて
きたんだから

……高城れに

◆開催の正式決定を待たずにパンフの撮影開始！

２０２０年６月。やっと緊急事態宣言が解除され、徐々に世の中が動き始めた。

そして、僕は丸３か月ぶりにももクロの取材をすることになった。

この時点では、まだ１年前に発表した西武ドームでの夏コンサートを開催するかどうかは決まっていなかった。

自粛期間を終え、「少しずつ日常に戻していこう」という流れもできつつある。２か月後の８月には、もうお客さんを入れての大型イベントも、観客の数を減らし、時間差での入場や規制退場で出入り口が密にならないような対策を講じれば、なんとか開催できるのではないか？　と考えるのも自然の流れであった。

その一方で、２か月後の状況などまったく読めない、というのも事実。おそらく状況を眺めながら慎重に決断することになるのだろうけど、グッズやパンフレットはもう作り始めないと、８月１日と２日の物販には間に合わない。というか、もうそろそろスケジュール的に撮影のデッドラインを迎えようとしていた中、協議の結果、パンフレットの撮影にＧＯサインが出た。

基本線としては、「夏のコンサートを開催する」ことが大前提にあって、その上で「密を避けるために会場での物販は行わない」。つまり、通販による事前物販のみ。こうなると、ライブの数日前には発送作業に入らなくてはいけないため、さらに締め切りが早くなってしまう。おそらくコロナの影響というのは、こういった細かい話を含めれば、とんでもないところまで波及しているのではないか？　いつもの夏とはちょっと違うスケジュール進行がここから始まった。

今年に関しては、自粛期間中にメンバーがリモート会議中にひょんなことから名前が浮上した『笑成神祭《えなじんさい》』というタイトルで開催されることになったので、とにかく夏祭りをイメージした衣装の発注からスタートした。どんなライブになるのか、まったくわからないが（ひょっとしたら、やらないかもしれない……）、とにかく「笑」と「祭」に沿ったものにしていくしかないのだ。

もっとも毎年、正式なサブタイトルが決まるまえからパンフレットの製作を始めているので、じつはコロナ禍とはあまり関係のないことなのかもしれない。

いつもギリギリの綱渡りでパンフを作ってきた経験が、こういった未曽有《みぞう》の非常時に役に立つとは……夏と冬のパンフを作り始めて、もう8年目になるが、余裕を持ったスケジュールで作れたことは一度もないけれど「もう絶対に無理！」という状況に追い込まれても、ライブ当日に間に合わなかったことも一度たりともない。

だから、きっと、大丈夫——みんなそう言い聞かせるしかなかった。

◆前代未聞！　戒厳令下の撮影風景

撮影は戒厳令下で行われた。

検温、手指の消毒、ソーシャルディスタンス。

この3つはとにかく徹底した。

ファンからすれば、メンバーがいつもいちゃいちゃわちゃわちゃやっている姿を知っているので、「ソーシャルディスタンスを守れるのか？」と疑念を抱いている方もいたようだが、そのあたりもしっかり対策が取られていた。

以前、『ももクロ非常識ビジネス学』でも書いたが、ももクロはこういう撮影のときでもひとつの楽屋に集まり、お弁当の時間にはわざわざスタッフのところにやってきて一緒に食べようとする。

人気タレントの撮影をする場合、よっぽどの大所帯グループでない限り「楽屋はメンバーの人数分を用意する」というのが出版業界の常識だ。

なので、『ももクロ非常識ビジネス学』の表紙撮影のときにも、ももクロの現場での様子を知らない編集者が楽屋を4部屋用意してしまい、結局、3部屋は誰もドアすら開けずに終わっている。

だが、この日ばかりはそのあたりも厳格にせざるを得ない。

メンバーの楽屋は個々に4部屋を用意。しかも、部屋が隣同士になったり、パーテーションで区切られているような形状は避けられ、それぞれの楽屋はかなり距離が離れていて、メイクさんたちも入るので個室ではなく、かなり広い部屋を使用した。

なぜ、そんなことが可能だったのか？　それは他の撮影クルーと接触してしまうような状況を防ぐため、スタジオ一棟をまるごと貸し切りにしてしまったから。つまり複数のスタジオを借りるような形となり、その数だけ広い楽屋も用意できたのだ。

めちゃくちゃ特別なことのように書いてしまったが、6月あたりだとスタジオ側から「貸し切りのみの使用となります」と言われるケースが多かった。人の出入りを最小限にとどめることで、より対策を強固なものにしようという狙い。まさに業界全体で工夫を重ねていたのだ。

検温を済ませてスタジオに入る。

そこにはいつもと違いすぎる光景が広がっていた。

いつもであれば、メインで使用するスタジオの一角が「基地」のようになっている。広いテーブルに編集チームが陣取り、モニターで撮影した写真をすぐにチェック。インタビューもそのテーブルで行うのが定番だった。

おそらく、そのために使っているテーブルがスタジオの外に置かれていて、そこに編集チームが密にならないよう、距離を取って座っていた。

撮影自体もいつもとはスタイルが大きく異なる。

時間は通常の半分以下に抑えられ、基本はソロショットのみ。全員がスタジオ内に並ぶのは表紙で使用する4ショットのみで、そのタイムテーブルに関しては、「本当に一瞬で撮影を済ませてほしい」という要請があった。

仕方がないことである。万が一のことが起きてしまったらシャレにならないし、ほんの一瞬でも4人一緒に撮影できるだけでもありがたい（ちなみに誌面で使用しているグループショットは、ソロで撮ったものを合成して作ったものである）。

「せめてあと3分、いや、1分でもあったら、もっといい写真が撮れるのに……あぁ、悔しいな、本当に」

写真家の池田晶紀さんが悔しさを滲《にじ》ませた表情でそう言った。

池田さんは8年間にわたって、ももクロのパンフレットの撮影を担当している。メンバーにもスタッフにも信頼の厚い写真家だ（じつはこの本で使われているメンバーのお弁当ショットの写真も池田さんが撮影したものである）。

いつも池田さんの撮影現場には笑顔があふれている。

時にはメンバーに内緒でドッキリをしかけたり、時にはみずから道化師役を買ってでて、ここでしか見られないメンバーのとびっきりの笑顔を引き出してくれる。

大げさな話ではなく、僕はこの8年間、池田さんの笑っている顔しか見たことがない。だから、悔しさが滲んだ表情にはびっくりしたし、あんなに明るい人にこんな表情をさせてしまうコロナの恐ろしさを改めて思い知った。

納得のいく仕事をするために必要な、わずか数分間ですら、猶予を許してくれない新型コロナウイルスの目に見えない脅威……あぁ、本当に恨めしい！

写真家も、編集スタッフも、ここは作家性やクリエイティブ魂をグッとこらえるしかない。まだ僕のような物書きの仕事は、そのあたり、どうにでもなってしまう部分が大きいのだが、写真に関してはどうにも誤魔化しが利かないので、僕なんかの何倍も何十倍も苦しみ、悩んでいるはずである。

でも、スタッフ同士で話しているうちに、もっとつらい思いをしている人たちと比べたら、というところにたどり着いた。

まだコンサートができるかどうかもハッキリしていないのに、こうやって、**いつもと同じ笑顔で撮影に臨んでくれているメンバーのほうが、よっぽどつらいはずだ**、と。

だから、ここはスタッフみんなで創意工夫をして、メンバーの笑顔に応えられるような「プロの仕事」を制約に縛られた中で、存分に発揮しようじゃないか、と我々は全員で前を向くことを決めた。

「また、いつかコロナが落ち着いてきたら、このスタジオで楽しく撮影しましょうよ。そして、**そのときには『そういえば2020年の夏パンフの撮影は本当に大変だったよね』って、みんなで笑い話にしよう**。いつか、きっと、そんな日が来ますよ！」

池田さんのその言葉に、胸がぎゅっと締め付けられた。

2020年の夏パンフは、一生、忘れることのできない一冊になった。

◆3か月ぶりに会ったメンバーの第一声とは？

そんな状況だったので、僕はほとんど撮影には立ち会っていない。基本的には「別室」に待機して、そこでメンバーのインタビューを収録しなくてはいけなかったからである。先ほども書いたように、いつもであれば、撮影スタジオの片隅にある、編集スタッフの「基地」でメンバーにインタビューをしている。

なぜならば、パンフの撮影はいつも分刻みのスケジュールで動いているので、僕が常にそこに滞留し、時間のできたメンバーに立ち寄ってもらっては、サクッと話を聞かなくてはいけないからだ。

だいたい15分から20分ぐらいの尺《しゃく》で計算しているのだが、まるっとその時間だけ話を聞けることはまずない。だいたい10分ぐらい話をしてはメンバーは撮影に戻り、次の空き時間に5分だけ話をして、またしばらくしてから残りの5分を聞く……といった感じ。

こんなインタビューのやり方は、他の現場ではちょっと経験したことがないし、さすがにこの仕事だけは他のライターさんに振ることができない。いや、その取材方法を伝えたら、誰も引き受けてくれないだろう。それだけ常識外れのやり方を、なんだかんだで8年間もやってきた。

ただ、今回は密を避けなくてはいけないので、僕は撮影しているスタジオから少し離れた「別室」でメンバーを待ち構えていた。

その「別室」とは大きな撮影スタジオ、である。

いつもだったらメンバーが全員、揃って撮影をするぐらい広いスタジオで、当然のことながら広さに比例して天井も高いので、換気の面ではかなり優れた空間だ。そのだだっぴろいスタジオの真ん中にポツンとテーブルがセットされている。

そこにメンバーが座り、僕が2メートル離れた席から話を聞き、それを遠く離れたポジションからマネージャーが聞いている、というなんとも不可思議な構図。こんな距離感ではたして取材が成立するのかな、とも思ったが、結果として、いつもとは違う空気が面白い話を引き出してくれた。

トップバッターは高城れに。

僕はメンバーとは3か月ぶりに顔を合わせることになるので、やっぱり最初は「お久しぶりです」という挨拶から入るべきなんだろうな、と思っていたが、高城れにはまるで昨日も取材を受けていたかのようなテンションで「あのさぁ……」と話しかけてきた。

これは高城れにに限った話ではない。

メンバーは誰ひとりとして「お久しぶりです」などという言葉を口にせず、**空白期間などないものかのように、いつものように話してくれた。**

そして、それを自然に受け止めている自分がいた。

たしかに毎日のように配信で彼女たちの声を聴いてきたから、そんなに離れていた感覚もない。ひょっとしたらファンの方も同じような感覚を覚えているのかもしれない。『家にいろ!TV』はメンバーとの距離を縮める魔法のコンテンツだったようだ。

◆高城れにが吐露した「苦悩の日々」

笑顔でインタビュールームに入ってきた高城れに。

しかし、その言葉は重かった。

「私、自分がももクロだっていうことを忘れちゃってたみたい……」

ライブもない、テレビの収録もない。

だから衣装も着ないし、メイクをしてもらうこともない。

ただただ家にいるだけの日々……。「いったい私は何者なんだろう」という感覚に襲われても不思議ではない。とはいえ、自粛期間中もリモートでメンバーとつないでの配信番組などは流れていたわけで、まったく接点がなかったわけではない。

「あっ、でも、ああいうときはメンバーとしてではなく『仲良しの友達』と話している感覚だったんですよ。一緒に昔のライブ映像を見ていても、客観的に『あっ、ももクロだ！』と思っている自分がいたりして。それって、こういうときじゃないと味わえない感覚じゃないですか？　**普段、思わなかったこととか新しい発見がポンって芽生えた期間だったと思う**」

リモートでの生配信では、高城れにがメンバーとの久々の会話に感極まって**「ももクロっていいね」**と涙するシーンもあった。そして、この日の撮影でも自然とメンバーに近づいていきそうになる姿が何度か見られた。

すると、3密回避を徹底するため、マネージャーから「高さん、ソーシャルだよ。ソーシャルディスタンス！」という声が飛ぶ。

今さらながらだが、「ソーシャルディスタンス」というのは絶妙な言葉だ。この新語がなかったら「ダメ！」とか「近づくな！」といった言葉が飛び交い、現場の空気は殺《さつ》伐《ばっ》としたものになっていただろう。東日本大震災がいつまでも暗い影を落としたのは、堅苦しくて暗い専門用語が飛び交ったから、という側面は少なからずあるわけで、何げに言葉の力は大きい。

つい数か月前までは、メンバーと過剰なスキンシップを取っていた高城れにの姿は、当たり前のものだったのに、もはや、それは許されない。

それでも、高城れにはもう悩まない、と力強く答えた。

「そりゃね、これからについての不安はたくさんあるよ。でもさ、そこを不安に思ってもしょうがないでしょ？　どんなに不安に思ったところで状況は何も変わらないんだから。だったら、もっと楽しんだほうがいい。

もともと、私たちは『楽しんだ者勝ち！』がモットーみたいなものだし、実際、それでこれまでもいろんなことを乗り越えてきたんだから。

3月からずっと家にいてわかったの。人間って、何もやることがないと、余計なことを考えて、それで悩んじゃうんだなって。でも、少しずつお仕事が再開されて、今はとにかくお仕事があることのありがたさが身に染みてます。踊れること。歌えること。そして、応援してくれる方たちがいるっていうこと……これからはそれを噛みしめながら活動していきたいなって」

たくさんの苦悩を乗り越えて、高城れにはしっかりと前を見つめていた。

当初、「このパンフのインタビューは完全にパラレルワールドのお話にしてしまってはどうだろうか」というプランもあった。

この世にコロナなどなく、2020年の夏も当たり前のようにももクロの夏コンサートは開催される、という世界線。実際に写真は「今年の夏コンサートはこういうイメージ」というテーマで撮っているので、そちらのほうがしっくりくる。

だが、高城れにと話していて、「それじゃダメだ!」と強く感じた。

彼女たちが今、抱いているリアルな感情をそのまま掲載したほうが絶対にいい。のちのち読み返したときに、とても貴重な記録になるはずだ。

取れ高がありすぎてパンフレットには掲載しきれなかった言葉の数々と、そのときのメンバーの表情をこの章で紹介していきたい。

私は最善のことを
やれていたらいいなって。
残念な気持ちの中でも、
そこに幸せを見つけることは
できると思うから

百田夏菜子

◆百田夏菜子の達観《たっかん》した「幸せの定義」

次にインタビュールームに入ってきたのは百田夏菜子だった。

本題に入るまえの雑談では、他愛《たわい》もないことをニコニコしながら話していたが、さすがにコロナの話題になると、ちょっと難しい表情を浮かべた。

ただ、苦悩を見せるわけでもなく、あれやこれやと不安を口にすることもない。ある意味、夏菜子は自粛期間中に「達観」したような印象すら受けた。

「全世界が戸惑って、今でも闘っている状況じゃないですか？　その状況の中でできることをやるってことを常に考えて活動してきたので、**焦るっていうよりも『じゃあ、どうしようか？』って考え方を切り替えていく感じですよね**。

いろんなことに対して、自分を不安にさせることってできるんですよ。だから、そういうものをね、いい意味で割り切るところは割り切って、どうやって不安と付き合っていくのかってことだと思う。現実を理解しようと努力はしながら、新たな日常の過ごし方を見つけているのかな、今は。

今日だってそうでしょ？　夏にコンサートができるかどうかわからないし、これがどういう形で届くかもわからないけれど、撮影は始まっている。多いんですよ、今。『できるんだったらA案、できなかったらB案』って感じで並行して話を進めることが。そこから新しいことを生み出していくとしても、きっとメリットとデメリットはあると思う。**でもね、メリットはそのまま楽しめばいいだけじゃないですか？　デメリットに関しては『どうしようか？』って、みんなで話し合いながら決めていけばいい。そうやって進んでいきたいですよね**」

百田夏菜子の中には「立ち止まる」という発想はなかった。

自粛期間が明けて、徐々に動き始めた以上は、前に進みたい。

だからといって、ただただガムシャラに、という姿勢でもないのが面白いところ。とにかく、現状を冷静に眺めながら、よく考えてしゃべっているのが印象的だった。

事実、6月の段階で、夏コンサートには4つの可能性があった。

A．西武ドームに数千人だけ観客を入れてのコンサート

B．西武ドームで無観客ライブを開催して、それを配信する

C．西武ドームではない場所からライブを生配信する

D．コロナの感染が広がり、無観客ライブすらできない

　もちろん、誰もがA案が実現することを望んでいたが、誰にもこれからのことがわからない以上、D案の可能性も否定はできない。

　そのあたりもすべて飲み込んだ上で、百田夏菜子はこう語った。

「どうやったら、この状況下で楽しく同じ時間を共有できるのかな？　ってことを考えて、いい方向に進めていけたらいいな、とは思っているんですけど、ライブもできずにおうちにいる可能性もゼロではないんですよね。

　でも、そうなってしまったとしても、その時点では、きっと、それが『今、やるべきこと』なんだと思うし、どんな状況であってもね、**私は最善のことをやれていたらいいなって。残念な気持ちの中でも、そこに幸せを見つけることはできると思うから**」

　6月頭の段階で、ここまでのことが言える人がどこまでいたか？

　誰もがドタバタしていた時期に、しっかりと足元を見つめた上で「幸せ」という到達点を示唆できるリーダー……。

　ももクロの強さの秘密がここにある！

完璧な形でライブを
開催するのは難しいけれど、
今、できる範囲内で
新しいライブを
みなさんにお届けしたいって
すごく思います

……玉井詩織

◆玉井詩織の「自然体」と「ライブ感」

長きにわたる自粛期間中、どんな生活を送っていたのかが、もっとも気になっていたのが玉井詩織だった。

以前、インタビューをしたときにも、「お休みの日に一歩も外出しないと損をしたような気になってしまう。夜になって『あっ、今日はどこへも行ってない！』と気が付いたら、用もないのに近所のコンビニに行って、外出したことにするぐらい」と語ってくれたが、そこまでアクティブな彼女にとって、外に出られない日々はとてつもなく苦痛だったのではないか？

「いや、それがそうでもなかったんですよ。たしかに今までは休みの日に外出できないと息苦しくなっちゃうタイプだったんですけど『家にいなさい』となったら、逆に家での過ごし方が楽しくなっちゃって。気が付いたら『あれっ、ベランダにも5日以上、出ていないよ！』とか（笑）。

結局、家にいることが大事な期間だったでしょ？　何もしなくても、とにかく家にいるのが大事。**それは自分のためだけじゃなくて、誰かの命を救うための行動だとわかっていたから、全然、苦じゃなかったですね。**

ただね、最初はいろいろ考えたわけですよ。『自分の身になることをしよう』と意気込んでたの。この機会に今まであんまりできていなかった勉強をしよう、とかね。でも、そういうことって『やらなきゃ！』と思ってやるのも、ちょっと違うんじゃないかな、と。**振り返ってみたら、料理を作ったり、お菓子を作ったり、好きなことだけやってましたね、アハハハ！**」

自然体。

高城れにとも百田夏菜子とも、またちょっと違う感覚である。

もうひとつ気になることがあった。

この時期、いろいろなアイドルグループにリモート取材をしていたのだが、誰もが声を揃えたのが「こんなに長い期間、ステージに立っていないと体力が不安」ということ。それでも外にも出られないし、ジムやスポーツクラブもほとんどがクローズしているので、自宅で筋トレなどに励んでいる、というアイドルが大多数だった。

ちなみに、百田夏菜子は「さすがに動かないとヤバいと思って、高校の同級生で今、ダンサーをやっているお友達とリモートでつないで毎日、エクササイズをやっていた」そうだ。

高城れには「もともと、あんまり筋トレとかやっていないから、逆にそこまで不安はなかったんだけど、『明日、ライブだよ』って言われて、リハとか一回もしないで出る夢を何度か見たんですよ。悪夢ですよ、本当に。でも、自分の潜在意識の中で不安に思っていることなんだろうなって思って、過去の振りVを見返したり、ちょっとしたストレッチはやりました」と語ってくれた（ちなみにこのあと登場する佐々木彩夏は、「いつもスタミナが切れてしまうかもしれないって思いながらライブをやってきたので、いつもと何も変わらない！」とのこと）。

では、玉井詩織はどうだったのか？

「特に不安はなかったけど、外に出ないから歩くことすらないんですよ。だから踊っていないことではなくて、**もはや人間として生きていくためにこんなに動かなくて大丈夫なのか、という不安ですよ（笑）**。

だから、この期間中は自分の体と向き合っていたかもしれない。じっくりと姿勢を改善しようとか、ちょっとずつ筋トレで体をほぐそうとか。さすがにライブ1本分を家で動くことはできないから、いざライブで歌って踊ってをすぐにできるか、と言われたら、ちょっとわからないけど、ダンスや筋トレは家でもやっていました」

ここでも、やっぱり自然体。

ただ、いろいろ話していくうちにわかったことがある。

あくまでも自然体でいられるのは「自分のこと」に対してであって、ずっと、ももクロがライブをできないでいることに対しては、ファンの気持ちをものすごく考え「どうにかできないだろうか？」と考え続けてきた、ということだ。

「夏のコンサートはきっと『万全の体制』でも『予定していたとおり』にもできないと思うんですよ。お客さんを入れることができたとしても、人数は少なくなるだろうし、コールとかも制限がかかっちゃうわけで。

1年前からスケジュールを発表していたから、ずいぶん前から予定を合わせてくれていたファンの方には、本当に寂しい思いをさせてしまうなって。**ただね、こういう時代なので、最初に思い描いたものがすべてではないのかなって。**

いろいろ難しいですよね。私たちも12年もやってきて、季節のライブが飛んじゃうことなんてなかったから、『ももクロ春の一大事』が延期になったときには、あぁ、こういうこともあるんだ、と。前向きに考えれば、ひとつ勉強になりました。

ピンチだからこそ、新しいスタイルも生まれて。リモートとかね。最初はリモートも画面の中に画面があるって変な感じがしたけど、たった数か月でそれが普通のことになった。でもさ、それが当たり前のことになっちゃうのは寂しいよね？　だから、**完璧な形でライブを開催するのは難しいけれど、今、できる範囲内で新しいライブをみなさんにお届けしたいってすごく思います**」

自粛期間明け直後に発した玉井詩織のこの言葉は、まさに２０２０年夏のももクロの方向性を指し示していくことになる。

だから、正直、この期間中に
みんな、ももクロのことを
忘れちゃうんじゃないかって。
うん、忘れられちゃうかも
しれないという不安は
すごくあった

佐々木彩夏

◆そして、佐々木彩夏は「不安」を隠さなかった

最後に話を聞いたのは佐々木彩夏だった。

ただ、他の3人とはちょっとシチュエーションが違ってくる。

ここまでの3人は撮影の合間にインタビューをしてきたので、衣装のまま、話を聞いた。だからリラックスはしつつも「仕事」としての意識がしっかりとある。

ところがラストになった佐々木彩夏は早々と撮影を終え、すでに私服に着替えてからのインタビュー。しかも、ソーシャルディスタンスを取っての取材になるので、余計に緊張感が薄れてしまう。

「しゃーないよね。うん、しゃーない」

かなり砕けた感じで話し始めた佐々木彩夏。

しかし、そういうスタンスだったからか、誰よりも赤裸々に今、抱えている「不安」を話してくれた。

「ライブしたいな、踊りたいな、歌いたいなって思ったし、みんなもそれを楽しみにし

てくれていたらいいな、とは思ったけれど、ライブって生活に絶対必要なものに入らないでしょ？　**だから、正直、この期間中にみんな、ももクロのことを忘れちゃうんじゃないかって。うん、忘れられちゃうかもしれないという不安はすごくあった**」

こういう話を書くと、「またまた謙遜しちゃって」という方も多いのだが、これはももクロや佐々木彩夏に限らず、ステージに立つことを生業《なりわい》にしている人であれば、誰でも抱えている危機感である。

それはコロナ禍でなくても同じだ。

誰もが名前を知っているタレントさんと話をしているときに、「レギュラー番組もあるし、もう安泰じゃないですか？」と言ったら、「そんなことないですよ！　レギュラー番組なんて、1クール、テレビに出続けることが担保されるだけで打ち切られたら、そこでおしまい。実際、未だに仕事がなくなり、世間から忘れられてしまう夢を見て、夜中に飛び起きることがしょっちゅうある。冠番組を何本も抱えるぐらいにならないと、とてもじゃないけど安心なんてできない」と猛反論されてしまった。

平時ですらそうだったのに、有事となれば、不安はさらに大きくなる。ライブがあれば、目の前にたくさんのお客さんがいてくれるから「こんなにもたくさんの人たちが応援してくれている」と実感もできるが、それすら何か月間も体感できていない。「忘れられてしまうかもしれない」は悲痛な心の叫びだった。

「だからね、本当に生活に不必要なものになってしまわないようにYouTubeを上げてみたりしたの。こういう厳しい時代だけど、それを深刻に事実のまま伝える政治家さんみたいな人もいれば、**私たちは『それでもポジティブに楽しもうぜ！』ってお届けするのが仕事であり、役目なのかなって**。それこそ自分自身でも楽しみながらお届けできたらいいなって思う」

そして、もうひとつ、大きな不安を抱えていた。

自身がプロデューサーを務める浪江女子発組合の今後、だ。

「**正直な話、この期間中、ももクロのことよりも浪江のことを真剣に考えてきた部分があるのね**。ももクロはさ、今日もこうやって夏のコンサートに向けて、みんなが動いてくれているし、どんな形になるかわからないけれど、なんにも動かないことはないと思うのよ。

ただ、浪江女子発組合に関しては、私もどうしていいかわからない。だってね、浪江女子の良さをコロナですべて封じられてしまったわけですよ。今では東京からたくさんのファンの人も福島に移動する形でのコンサートはできないし、ライブ中にステージから客席に降りていくこともダメだろうし、お客さんのお見送り会も難しい。**これはももクロがライブをできないこともそうなんだけど、得意技が全部、使えなくなっちゃった。**浪江はまだMVも作っていないから、配信されている楽曲を聴いてもらうことしかできないわけで……うーん、考えちゃうよね、本当に」

プレイヤーとしての不安。

プロデューサーとしての苦悩。

このふたつの難題は、2020年の下半期、佐々木彩夏とももいろクローバーZ、そして、浪江女子発組合に大きなドラマを作り出すこととなる。

こうして、夏のパンフレットの撮影とインタビューは終わった。

そして、いよいよももクロのライブが動き始めた。

もっとファンのみんなの顔が
見えるようにしてほしい

本当に最初から最後まで
マスク姿のままでいいの？

ももいろクローバーZ

◆ライブで生きるために……MSRSの誕生

6月25日、ももクロのライブ活動が再開された。

まずはカルッツかわさきでの無観客ライブ。

じつはこの日は、再延期となっていた高城れにのソロコンサートがカルッツかわさきで開催される予定になっていたのだが、すでに2021年への再々延期が発表されていた。その会場を使用してのライブ。無観客ではあるが、今回からはチケットを販売して、有料での配信という試み。ひとつのビジネスモデルとして、「withコロナ」の時代に配信ライブは重要なパーツとなってくる。

そして、そのライブをまえに、ももクロの運営チームから『MSRS』なる新しい言葉が発信されるようになった。

MSRSとは「ももクロ新リアルライブ世界秩序」の略称。

わかりやすく言えば、これからの時代、クラスターを出さずに安全にライブを運営していくためのガイドライン、である。

本来であれば、ここに全文を掲載するのがもっともわかりやすいのだろうが、このガイドラインは状況に応じて、どんどんアップデートされていっているので、ぜひ、ももクロの公式サイトから内容をご確認いただきたい。

特効薬やワクチンが開発され、広く普及するまでは、１００％安心なコロナ対策などは存在し得ないのだろうが、医療関係者の監修によって作成されたこのガイドラインを読めば「ここまで徹底するのか！」と多くの人が驚くに違いない。

今になって思えば、戒厳令下で行われたパンフレット撮影も、このガイドラインに従う形で敢行されていた。

ただ、敷地の小さいスタジオと、大きなライブ会場では話が違ってくる。

たとえば、この日、初めて体験したことがある。

会場に入るまえに検温をし、手指の消毒をするのは当たり前のことだが、それに加えて入念に靴底の消毒も行われる。入館後もそれが繰り返された。

館内がいくつかのエリアに分けられ、たとえば楽屋エリアからステージに向かうときには足裏を消毒しなくてはいけないし、逆もまた然《しか》り。またトイレから出たあとも、必ず消毒するので、本当に一日に何度も何度も消毒することになる。

これは今でも変わらないので、すっかり慣れてしまったが、最初は「えっ、ここまで？」と面食らってしまった。

ちなみにスタッフはマスクを着用した上で、さらにフェイスシールドをセットしなければいけない。スタッフだけでなく、「メンバーに挨拶をしたい」という関係者にもこのルールが適用された。

いつもであれば、食事はケータリングが用意されるのだが、この日から個別に包装されたお弁当に変更。なるべく時間と場所をズラして、同時に「会食」のような形で食べないように、という指示もあった。

厳しすぎるかもしれないが、この館内はほんのちょっと未来の日本が集約されているようにも思えた。いや、このガイドラインで日常生活を送れば確実に感染者数は減るだろう。どうにもならなくなってしまったときは、もう、これをお手本にすればいい。

いずれは観客を入れてのライブも開催することになる。この段階ではそれは8月1日、2日の西武ドーム大会を指していた。

だからこそ、「まずは無観客ライブをスタッフや演者からひとりも感染者を出さずに終える」というハードルを越える必要があったし、そのためにはピリピリとした緊張感すら漂うほどの規制が大切だったのだ。

◆最初から最後までマスクを着用したままでのライブ！

この日のライブは二本立て。

まずは高城れにのソロコンサート。

この日、予定されていたソロコンサートは2021年に延期となったが、高城れにの「私の性格上、1年後はまた考え方が変わっているだろうし、ソロコンの内容も変わってくると思う。だから、**今年やろうと思っていたことの一部だけでも、できたてホヤホヤの状態でファンのみなさんに見てもらいたい**」という想いから、45分枠で開催されることとなった。

ただし、ソロコンといってもバンドやダンサーも一緒にステージに登場する。そうなると飛沫《ひまつ》対策にも気を遣わなくてはならず、結果、高城れには最初から最後までマスクを着用したままで歌わなくてはいけなくなった。

アイドルとしてはあり得ないこと……と思う方も多いだろうが、ももクロにおいてはそんな世の中の常識は通用しない。

過去にもプロレスのマスクを被ったままで1曲歌い切ったり、2013年にリリースされたアルバムのジャケットでは顔が完全に隠れてしまうマスク姿で登場。このときにはある程度、顔の露出があるマスクも用意され、雑誌の表紙などにはその姿で掲載されたのだが、そこでも高城れにだけは顔の露出がゼロ！「それと比べれば、目が出ているだけマシだよ」と彼女は笑い飛ばしてみせた。

これまでやってきた「非常識」に見える施策の数々が、withコロナ時代に「新常識」として活きる、という現象。

目に見えることだけではなく「私たちは過去にやってきている」という精神的なアドバンテージは非常に大きい。

もちろん、マスク着用でのパフォーマンスを余儀なくされたのは高城れにだけではない。幕間にゲリラライブを行った妹分のアメフラっシもマスク姿で歌い、踊った。高城れにとは違い、彼女たちは過去にこんな経験をしたことがないので、リハーサルの段階から緊張が走っていたが、それが迫力のあるライブへとつながり、翌月に控えていた配信ライブのチケットがこの日をきっかけにグンと売れた、という。「ピンチはチャンス」

の精神は妹分にも継承されていた。

そして、ももクロもマスク姿で登場する。

当たり前の話だが、観客がいないので客席は寂しい。

そこでスタッフは客席に4色の小さなライトを敷き詰めて、それを点灯させることにした。光量はそんなにないかもしれないけれど、ペンライトの代わりである。

リハーサルでその光景を目の当たりにしたメンバーは「うわぁ～！」と興奮し、スタッフにお礼を言った。

それほどまでに「無観客」に不安を抱いていたのだ。

リハーサルが終わるとき、メンバーからスタッフに対して、ひとつだけリクエストが出された。それは「ステージ前に置かれたモニターの位置を変えてほしい」というもの。そのモニターにはZoomで生参加するファンクラブ会員の顔が映し出されることになっていた。つまり、**「もっとファンのみんなの顔が見えるようにしてほしい」**という要望だったのである。

無観客であっても、ファンの方たちに少しでも臨場感やライブ感を味わってもらいたい、ということで企画されたのだが（他にも『OVERTURE』でのコールやアンコールの声も事前にファンから集めて、その音声を会場に流している）、それを誰よりもメンバーが心から欲していたのだ。

あくまでもライブはお客さんと一緒に作る。

その考え方は無観客ライブでも生きていた。

◆無観客でなければできないライブへ

無観客ライブでありがちなのは、「ステージ上で普通にライブをやって、それを中継する」というものだ。

いつもどおりのライブをそのまま配信してくれるのは、ファンにとってはうれしいことかもしれないが、せっかくだったら「無観客でなければできないライブ」「配信だからこそできるライブ」という側面を強く打ち出したい。

これは画面上ではわかりにくいかもしれないが、ひとつ、無観客だからこその演出があった。

それは「カメラマンも一緒にステージに上がり、４人を接写する」というもの。もし、お客さんを入れていたら、カメラマンが視界を妨げてしまうので、これはさすがにできない。ステージ上で撮っているカメラの映像だけ使えば、カメラマンの姿が映り込むこともないので、無観客の配信ライブでは「活きる」演出だった。

さらにメンバーは客席に降りて歌う。

これは通常のライブでもよくある演出だが、客席には誰もいないので、そのまま座席に座って歌う。そして、歌い終わると、座席に座ったままMCコーナーへ。これも観客がいたらできない演出。ある意味、客席もステージの一部にできるのが無観客ライブの面白さなのだ。

そんな実験的な試みが取り入れられた配信ライブだったが、メンバーはひとつだけ足りないものに気づいていた。

「本当に最初から最後までマスク姿のままでいいの?」

2月以来のライブだし、画面の前のお客さんは136日ものあいだ、ずっと待っていてくれた。コロナ対策をしっかりやらなくてはいけないのは重々、承知しているけれど、やっぱり最後はマスクを取りたい。

そんなメンバーの想いに応えて、ひとつの演出が提案された。

本編でマスクを外すのは難しいので、とりあえず、着用したまま、一旦、終える。そしてアンコールがかかっている最中にステージ上に3枚の巨大なアクリル板を設置する。メンバーはそのアクリル板のあいだに立つ。

これならば完全に個々が隔離されるので、マスクを外しても飛沫の心配はないし、必然的にソーシャルディスタンスも保たれる。

2020年6月25日の時点での最善の方策はこれだった。

「常にできる範囲内で最善、最良のものをチョイスし、それを提供していく」というものクロの考え方はメンバーもスタッフも共有できている。

手間暇をかけて、メンバーの意見を尊重して、何よりもファンの目線を最優先して行われた初の有料配信ライブ。

これはあくまでも0地点。

ここから進化を遂げていく様子は第四章で詳しく書いていこう。

終演後、帰ろうとしたら、遠く離れたところからメンバーに声をかけられた。

もう会場を出るだけだから、僕はフェイスシールドを外してしまっており、近づいて話すことができなかったのだ。

誰も見ていないから、となあなあになってしまいがちな部分がここまで徹底されていることに安心した。これならば西武ドームにお客さんを入れても大丈夫……この時点ではそう思っていた。

第四章

世界に届け、新たなエンターテインメント！

無観客、配信……ももクロ流演出の裏で

佐々木彩夏が流した「涙」の深すぎる意味

モノノフさんは私たちが
暴走しそうになったら、
こうやって正しい道に
戻してくれる。みんな、
本当に大人！　心強い！

……ももいろクローバーZ

◆日常生活も個人的な判断でMSRS基準！

6月25日からライブ活動が再開されたももクロ。そのコロナ対策の徹底ぶりは第三章に書いたとおりだが、それを受けて、ひとつ真剣に考えたことがあった。

「どんなに、ももクロのライブ会場で対策を講じても、それ以外のところで気を抜いていたら意味がないのでは？　他所《よそ》で感染してしまい、それを持ち込むようなことがあってはいけないんじゃないか？」

タイミング的にも一度は減少傾向にあった東京都の感染者数が、このころからまたジワジワと増え始めていた。

ここから先は本当に未知の世界。一度、減ったものがまた増えていった場合、それはどこまで続くのか？　特別な対策なしでまた下降線をたどることは可能なのか？　テレビに登場するコメンテーターの見解もまちまちなので、どうなってしまうのか、まったく予測がつかない。専門家の先生たちもさすがに経験したことのない領域での状況に対して「これからこうなります！」とは断言できないからだ。

一方では8月1日、2日の両日、西武ドームで開催される夏のコンサート『笑成神祭』の準備が着々と進められていた。

最終段階で決められていたことは次のような項目になる。

・観客は5000人〜7000人の範囲内で動員を検討

・入場時にはマスク着用を義務付け、検温と健康報告書も提出してもらう

・開場時、そして終演後も出入り口の密を避けるために、時間を区切っての入場、さらに規制退場を徹底する

・アリーナ席（グラウンド部分）で観覧する方は靴を脱いでいただき、足裏の消毒をしていただいた上で入場

・コンサート中はコールなど声を出す行為は厳禁。タオルを振り回す行為なども禁止

西武ドームはあくまでも「屋根付き球場」であって、他のドーム球場とは違って完全に密閉された空間ではない。

わかりやすく言えば、もともと普通の野球場だった施設に屋根を乗せたような感じなので、スタンド上部には空間があり、外気がどんどん入ってくる。そのため、コロナ禍で重要なポイントとして語られる換気問題に関しては、あまり問題がないような気もす

る。昨年だったか、季節外れの大雪が降ったとき、球場内にどんどん雪が吹き込んできて大変な状況になっていた。まさに「半野外」の会場なのだ。

ただ、状況が状況だけにコンサートを決行するか、開催を見送るかはなかなか微妙な判断になってきていた。

それを考えたとき、**僕は個人的に「緊急事態宣言」を出すことにした。**

6月25日の無観客ライブ、そして7月12日には佐々木彩夏が無観客でソロコンサートを開催する。そのどちらにも僕は取材で会場入りすることになっていたので、その間、何ごともなく過ごせるように、極力、外に出ないようにした。

つまり、「ももクロの運営サイドが発表したＭＳＲＳを普段の生活でも遵守していこう」と勝手に決めたのである。

◆かつての恩師に不義理をしてまでも……

じつは6月25日の無観客ライブのまえに、僕は抗体検査と抗原検査を受けている。この時点では、ＰＣＲ検査を自由に受けることはまだできなかったが、抗体検査であれば、保険適用外にはなってしまうが、いくつかの病院で受けることができたのだ。

とりあえず、今の自分の状態が知りたい。

現状、まったく健康状態に問題はなさそうではあるが、春先に謎の体調不良に見舞われて、長期間、動けなくなってしまったことがある。

そのころはコロナ感染拡大を防ぐため、「基本的にはよっぽどのことがない限り、病院には行かないでくれ」という風潮があった。僕のかかりつけ医も、いつも服用している薬に関しては電話で予約を受け、病院の窓から手渡すというドライブスルー的なシステムで調剤してくれたが、対面での診察は当面、受け付けないと言われた。

保健所に相談しても、発熱やのどの痛みなど、コロナと疑われる症状がないと動いてはくれない。すごく体調は悪いけれど、なるべく自宅で療養していてください、という反応。不安で仕方なかったが、そういう時代になってしまったのだ。

ここで抗体検査を受ければ、過去にコロナに罹《かか》っていたかどうかもわかるという。「春先の体調不良の原因がコロナではなかった」とわかるだけでも精神衛生上、かなり楽になるし、あくまでも現時点での目安でしかないが、今現在もコロナに感染していないことがわかれば、少しは安心して活動することができる。

結果は陰性だった。

指先に穴を開けて血液を採取する形の検査だったので、けっこうな痛みを伴ったが、とりあえずこれでひと安心、である。

ただ、このあと感染してしまったら意味がない。

じつは7月のあたまにプロレス関連のトークイベントに出演することになっていた。もともとは4月に開催する予定だったものが、コロナの影響で7月に延期に。「客席を大幅に減らして、なんとか敢行しましょう」ということになっていた。

僕はたくさんいる出演者のうちのひとりだったが、4月に延期になったときに代替で行われた無料配信トークライブにも出たりしているので、主催者側も当然、出てくれるものだと思っていたようだし、僕自身もそのつもりだった。

しかし、西武ドームでのコンサートをやるかやらないか、という局面とイベントが重なってしまったことで「ちょっと待ってください」となった。

一応、主催者側からはコロナ対策についての説明があり、僕も特に問題がない、ということで承諾していたのだが、**これをMSRSに当てはめていくと、いささか対策が足りない、となってしまう。**

客席を減らした分、来場できなくなってしまう方のために急きょ、ネット配信をすることになったことで、映像で「証拠」も残る。万が一、何かが起きてしまったときに、ちょっと、それは困る。

熟慮した末、僕は出演を辞退した。

そして、プログラムのタイムスケジュールに穴を開けるわけにはいかないので、電話でのリモート出演という落としどころを見つけた。

さすがに「MSRSに則《のっと》って」とは説明できないので、ぼんやりと「諸事情により」という発表となったが、トークの相手はかつての『週刊プロレス』編集長・ターザン山本！氏である。

僕にとっては師匠であり、今、こうやって物書きとしてやっていけているのも、あの時期、週刊プロレス編集部で徹底的に鍛えられたからだと思っている。

そんな大恩人に不義理をするのは、なんとも心が痛かったし、「そこまでデリケートになる必要はないのでは？」と言う人もいたが、3月からここまでコツコツと歩を進めて、ようやく有観客ライブ開催まで漕ぎつけたのに、その足を引っ張る可能性がある行為はどうしても避けたかった。

きっと、電話がつながった瞬間に「小島！　なんで来ないんだ！　お前はコロナに負けたんですよぉ～」とターザン山本！に罵倒されるだろう。

この本の担当編集は「川上アキラさんって、ターザン山本！とイメージが被るところがありますよね？」とよく言うが、間違いなくターザン山本！のほうが狂気に満ちている。罵倒されたあとに、僕がちゃんと受け身をとって、想定外のリアクションをしないとさらにブチ切れられるのは必至だ。

ところが、そこには意外な展開が待っていた。

「今回に関しては小島くんの取った行動のほうが正しいですよぉ～」

ターザン山本！は、そうやって優しく僕に話しかけてきたのだ。

これにはさすがに拍子抜けしたが、それほどまでにコロナという「見えない恐怖」は人々の心に宿ってしまっているのだと再認識した。

結果として、そのトークイベントからは感染者はひとりも出なかったので、僕は普通に出演していても、なんら問題はなかったのだが、とにかく目前に控えた西武ドームのことを考えたら、こうするしかなかったのだ。

◆「有観客ライブ断念」という危機を救ったモノノフの優しさ

そのイベントの翌日、西武ドームでのコンサートの中止が発表された。やはり、感染が再び広がっていく中で、数千人の観客を動員してのイベントはリスクが高い、という判断だった。

一度はファンにも開催がアナウンスされていたので、開催まで1か月を切ってからの中止発表には失望の声やブーイングが飛び交っても不思議ではなかったのだが、そういった声はほとんどといっていいほど聞こえてこなかった。

ももクロは他のエンターテインメントと比べても、コロナ対策にはかなり慎重に対処してきたし、活動を自粛したタイミングも早く、その後の活動再開も遅めだった。

第三章で佐々木彩夏が「忘れられちゃうかもしれない」と語った裏には、この実質的な活動休止期間の長さも影響している。

こうやって振り返ると、たった3か月間の話ではあるが、いつから活動が再開できるのか、という目途《めど》がまったく立っていない中での3か月間は本当に長かった。

救いとなったのは、ファンの理解である。

こういう状況なので仕方がない、というだけでなく**「メンバーが感染の危険に晒《さら》されるぐらいだったら、やらないほうがいい」**とまで言ってくれる。

「6月に無観客ライブを開催する」と発表したとき、川上アキラが何げなく「お客さんは入れられないけど、ファンクラブ会員の方を何人かだけエキストラとして客席にご案内するのはアリなのかなぁ～」といったことをつぶやいた。

ずっとライブがお預けになっているので、こんな情報が流れてきたら、誰だって「ぜひお願いします！」と立候補するコメントが殺到して、大変なことになるだろうな、と思っていたのだが、結果はまったくの正反対だった。

「川上さん、今はそういうことは止《や》めておきましょう」

「気持ちはうれしいですけど、一旦、落ち着いて考えてください」

「僕たちなら我慢できるので、どうか無観客で徹底してください」

多くの人たちが「俺も会場で見たい！」という気持ちをグッと抑えて、逆に川上アキラのサービス精神を諌《いさ》めたのだ。あとでその状況を知ったメンバーは、**「モノノフさんは私たちが暴走しそうになったら、こうやって正しい道に戻してくれる。みんな、本当**

に大人！　心強い！」とうれしそうに語った。

エンターテインメント業界に限らず、このころ、日本中がみんな「コロナ疲れ」に陥っていたことは否めない。少しずつ、社会活動は復活し、みんなが自由に動けるようにはなりつつあるが、まだまだ規制は多く、元のような状態に戻るのはまだまだ先のことだ、と観念もし始めた。

といっても「マスクを付ける」「店やオフィスに入るまえは必ず手指を消毒する」「帰宅したらうがい、手洗いを徹底する」といったアクションは、当たり前のこととして定着していた。

コロナの感染拡大が始まったばかりのころは、マスクや消毒液が入手困難になってしまったこともあり「こんなこと、ずっと続けられるのか？」という声も大きかったが、流通が安定すると、洗って使えるマスクを何枚も所持し、ファッションに合わせてチョイスする、といった新しい楽しみ方をする人も増えた。

これが「ｗｉｔｈコロナ時代」の生き方。

その中でエンターテインメントの世界だけが、どうしても取り残されてしまっている、というイメージは拭《ぬぐ》えない。

スポーツの世界では、ドーム球場でもプロ野球は入場者の制限（当初は上限5000人）こそあれど、有観客で公式戦を開催している。

同じ会場なのに、なぜコンサートはダメなのか？　それは、野球では観客を入れることができないグラウンド部分にも客が入ることや、どうしても声を出してのコールなどを伴う、という印象があるからだ。国や自治体が示すガイドラインでも、コンサートは映画や演劇と比べると、かなり規制解除の順番が遅くなっていた。

川上アキラは「ウチはウチ。他のエンターテインメントと比べて、どこがやったから、じゃあ、ウチも！　とはならない。そのためにMSRSという明確なガイドラインを打ち出したわけだし、常にその時点でもっとも安全と思われる対策を取って、ひとつひとつのイベントを考えていきたい」と語る。

ちなみに、メンバーと出演者は全員がPCR検査を受け、陰性を確認した上でステージ上に立つ、というのが夏の時点での最善策となっていた（実際、検査が間に合わなかった人は出演できなかった）。

野球は開催しているから、他のアーティストがコンサートを再開しているから、というものは、ももクロのライブ再開には、なんの影響も与えない。

その方針をファンと共有できているのは、メンバーが言うとおり、なんとも心強い限りである。西武ドーム中止の一報にもパニックにならなかったことが、この数か月間、ファンと一緒に歩んできたことによる信頼感の大きさを物語っていた。

ちなみにイベントが開催できないあいだも、ももクロの運営チームは幻となった『ももクロ春の一大事』のグッズを販売したり、無料配信でも「投げ銭」をお願いしてきた。その先には正直に「これは今後の活動費に充てさせていただきます」と説明もしている。

それにはひとつ、特別な事情もある。

かなり早い段階から、ももクロチームは**「大変な思いをしている医療関係者のみなさんに、何か協力できないか」**と考え、そのために生写真を販売し、収益金を寄付してきた、という背景があった。

ファンはその姿勢に共感し、生写真を買って、協力してくれたものの、そこは大人が多いので**「コンサートがないので、チケット代や会場までの移動費を遣わないから例年よりお金に余裕があります。どうか僕たちにお金を遣わせてください！」**という声まであがっていた。

ライブやイベントを開催しなければ、入場料の収益はゼロになる。

いや、ゼロというのはおかしい。

本来であれば、春と夏のビッグイベントでトータル10万人以上を動員できていたわけで、とんでもない額のマイナスが出ているのは誰の目にも明らかだ。

それを少しでも補填《ほてん》させてほしい、と願うファン。

僕は他のエンターテインメントの取材もしてきた。どの界隈でも春先は同じようなファンの声を多く聞いたが、夏になるとさすがにしびれを切らして「いつになったらイベントを再開するのか？」「他のところはもうやっているんだから、こっちも再開しても問題ないだろう」とピリピリした空気感になっているのが手に取るようにわかった。

だが、せっかくここまで我慢してきたのに、焦って興行を再開して、万が一、クラスターでも発生させてしまったら、ヘタすると、年内の活動をすべて白紙に戻さなくてはならなくなるかもしれない。

ファンの理解があるからこそ、ももクロは焦らず、安全を最優先した活動に注力することができた。

結果として、無観客ライブが続くことになるが、その真価は2021年以降に明確な形や評価となって出てくるに違いない。

いつもどおりにお客さんを
入れてのコンサートが
できていて、それと並行して
やっていくからこそその
楽しさであって……早く元に
戻らないかなって、本当に思う

……佐々木彩夏

◆あーりんの「奇想天外ライブ」

7月12日。本来であれば、この日、横浜アリーナで佐々木彩夏のソロコンサートが開催されているはずだったのだが、早い段階で中止がアナウンスされた（すでにチケットを販売してしまった高城れにのソロコンサートは来年への延期扱いとなったが、こちらはまだ発売前だったので中止という決断ができた）。

例年、年が明けるとソロコンサートの準備を始める、という佐々木彩夏だが、今年もそのタイムスケジュールは生きており、コロナの感染がまだ広がっていない段階から準備は進められていて「コンセプトも決まって、さぁ、スタッフさんと話し合いを始めよう、というタイミングでコロナが来ちゃった」と言う。

実際、横浜アリーナで販売するためのグッズまで作ってあって、電車や旅をイメージさせるグッズの数々から、ファンはなんとなく「この夏、あーりんがやりたかったこと」を想像することができた。

中止にはなったものの、何もやらないのはどうなのか、ということで、横アリで開催されるはずだったのと同じ日付に、無観客での配信ライブが開催されることになった。

タイトルは『A-CHANNEL』（あーちゃんねる）。配信だからチャンネル、という言葉もしっくり来るが、もうこの段階で彼女の頭の中では、今までのコンサートとは別モノの配信コンテンツにすることがしっかりと固まっていた。

ただ、それを明確にしてしまうとネタバレにもつながってしまう。

「だから、どこまで話したらいいのか、というのはすごく悩んだ。本当は全部、説明できれば、それがよかったんだろうけどね……」

これまでの配信ライブは、ステージ上で行われているコンサートを「生中継」するのがメインで、そこに配信ならではの演出を加えていくのが定番となっていたし、ももクロの6月のライブもそれに近い形式となった。

それはもともと、お客さんを入れてのコンサートを想定して押さえていた会場よりお届けするから、そうせざるを得なかっただけで、今回は最初から配信用に箱を押さえることができたので、もう前提条件からして違う。

何よりも大きいのは「客席がいらない」という部分。この日はライブハウスでの開催となったので、いつもならオールスタンディングでお客さんをぎゅうぎゅう詰めにするフロア部分も自由に使える。ここはもう逆転の発想で、フロア部分を「メインステージ」にしてしまうことになった。さらにライブハウスの各所にステージを組んで、そこを周遊しながら歌っていく、という構成。まさに無観客だからできる会場の使い方、である。

そうなると、いつもよりも予算もかかってしまう。

結果として、その分、チケット代が高くなる。

ももクロの配信ライブが3900円だったのに、佐々木彩夏のソロコンサートは4500円。事情を知らない人たちは「なんで4人でやるよりも、1人でやるほうが料金が高いんだ？」と疑問を投げかけたが、それに答えるにはライブの概要を説明しなくてはいけない。言ってしまったほうが気持ちは間違いなく楽になるけれども、佐々木彩夏はグッと我慢して、当日まで概要を明かさなかった。

◆コロナ禍で生まれた新しい「傑作」

僕は当日、会場に向かったが、いきなり「すいません。取材する場合は2階席に行ってください。1階のフロアなどにいると、確実に映り込んでしまうので……」とスタッフから指示が飛んだ。

リハーサルを見ていて、その理由がわかった。僕が想像していた以上に、彼女は会場内を歩き回る。もっと言えば、メインステージにはもはや最初と最後しかいない。

このライブハウスには屋外プールもある。夏らしさを出すために、このプールでも1曲、披露することになっていたのだが、佐々木彩夏は「雨女」なのである。

この日もリハーサル中はどんよりと曇っていた。

なんとか雨が降らずに乗り切ったが、ここはもう「本番中に雨が降ってきてしまったら、どう対処するか？」と決めておきたいところ。

「たとえばさぁ、プールサイドのここを使って……」

そう言いながら佐々木彩夏が外に出ると、サーッと雨が降る。

あわてて屋内に戻るとピタッと雨が止む。そんなことが数回、続くとスピーカーから
「佐々木彩夏さん、いい加減にしてください！」という怒声が響いてきた。

中継車から一部始終を見ていた演出の佐々木敦規の声だった。

「頼むよ、本当に。今の状況を見ていたら、本番も確実に雨が降るよね？」

生中継には慣れているはずの佐々木敦規だが、雨ばかりはどうにもコントロールでき

ない。そもそも、会場内をぐるっと回って歌うので、時間的にもタイト。歌い終わったら、すぐに次のステージに向かわなくてはいけないので、雨に降られる、というアクシデントを楽しんでいる暇はないのだ。

いよいよ、本番。2階席に設けられた関係者エリアもしっかりとソーシャルディスタンスが保たれていた。両隣と前後には誰もいないから見やすいな……と思ったが、前述したように、ほとんど佐々木彩夏はメインステージで歌わないから、見やすいも何もない。僕たちは会場にいるのに、結局は生配信しているGYAO!の画面を見ているしかなかった。これだったら、別に自宅で配信を見ていればよかったな、とも思ったが、次の瞬間には面白い光景に視線を奪われていた。

ライブはメインステージ（というかフロア）でスタート。

何百人も入るスペースを使っているので、とにかく広い。

そこでバックダンサーとして後輩のアメフラっシとCROWN POPのメンバーも起用して、にぎやかにスタートする、という演出。

これだけ広ければソーシャルディスタンスをきっちり取れるので、マスクなしでも共演が可能（後半、少人数のユニットで踊る楽曲では全員がマスクを着用）。ただ、それでは寂しいということで遠近法を上手に使って、あーりんの手の上で後輩たちが踊っているように見える「密」な演出も。映像的にはけっして難しいことではないけれど、それを生配信でやるのは、なかなかハードルが高い。でも、後輩たちひとりひとりをピックアップするのは、どうしても必要な演出だった。

そんな後輩たちがステージからハケるときに、やたらと足元を気にしている。たくさんのカメラがあるので配線や、カメラ用のレールが複雑に設置されており、それを上手に避けなくてはいけないのだ。これは配信には映らない部分。

そして、佐々木彩夏が別の場所に移動するや、スタッフたちはその配線などを動かし始めた。つまり、会場を一周して、コンサートのクライマックスでここに佐々木彩夏が戻ってくるまでに、メインステージをオープニングとはまったく違う景色に変えてしまおう、というわけだ。

いつもだったら人海戦術でワーッと組み替えてしまうところだが、「3密」を徹底的に避けるため、ここでも最小限の人数しか動けない。だからといって、セットチェンジが間に合わなかったら放送事故になってしまう。ゆっくりと、正確に、それでいてサクサクと進む匠《たくみ》の技に、ついつい目を奪われてしまった。これも無観客ライブでしかできない試みである。
そして、この日のコンサートは今までに誰も見たことがない、新しい時代ならではの「傑作」となった（ちなみにプールでも雨は降らなかった！）。

◆終演後、佐々木彩夏が流した涙の「理由」

一度、作り終えていた横浜アリーナでの企画書をすべて白紙に戻して開催された、この日の配信ライブ。実際に佐々木彩夏もこの会場を訪れ「何があるのか？」「何ができるのか？」を確認した上で、新たにライブを構築していったというが、ひとつだけどうしても横アリから、そのままスライドさせたい演出があった。

それは手話を交えての楽曲。

ソロコンサートでは毎年1曲、手話を交えて、歌ってきた。
そこにはさまざまな想いがあるのだが、手話がわからない人が見ていても、歌詞の内容がいつもより何倍も入ってくる、という効果もある。実際、たくさんの観客が感涙する姿を毎年、目撃してきた。

ちゃんと先生から指導を受けてのもので、エンターテインメント色が強いソロコンサートの中では逆に目立つ。それは変則的に開催された今年も変わらない。

今年、佐々木彩夏が選曲したのは『モノクロデッサン』だった。

イントロが流れた瞬間、ネット上はザワついた。多くは語らないが、ここ数年、歌ってこなかった楽曲。でも、ソロコンサートであれば、歌える曲……しかも、歌詞の内容がコロナ禍の今、染みまくる。最高の余韻を残して、配信ライブは幕を閉じた。

すべてが終わって、スタッフの元へと戻ってきた佐々木彩夏は、一緒にイチからライブを構築してきた振付のＡｎｎａ先生の顔を見つけると、涙を流した。本当は抱きついて号泣したかったのだろうが、こういうときにソーシャルディスタンスがうらめしい。

ただ、スーッと流れ落ちる一粒の涙は清らかで美しく、ものすごく印象的だった。あまり人前に涙を見せることがない彼女だけに、よりインパクトがあったのだろうが、そこにいささかの「憂い」も感じたことだけが気になった。

帰り際、楽屋から出てくる佐々木彩夏と遭遇した。聞くのも野暮だな、と思いながらも、涙の意味について尋ねてみると、次のように語ってくれた。

「とにかくプレッシャーから解放されたことが大きいね。正直、手応えはあったけど、お客さんがいないから反応がわからないじゃん（このあと、配信中のネットでの反応を詳しく聞かれた）。それにさ、初めてのことだったでしょ？　やっぱり、初めてのことをやるプレッシャーって大変で……わかってるのよ、私がいろんなことにトライして、道を切り拓いて、それをももクロのライブにつなげていくって。すごく大事な役割だけど、今回も事前にファンのみんなに詳しく説明できなかったから、不安もあったの。だって、みんなが期待している配信ライブって、こういうものじゃないでしょ、きっと。

普通のコンサートを見せてくれって人もたくさんいるんだろうなって。

新しいことに挑戦するのはやりがいもあるし、楽しいことでもあるけど、それはね、**いつもどおりにお客さんを入れてのコンサートができていて、それと並行してやっていくからこその楽しさであって……早く元に戻らないかなって、本当に思う**」

あまりにも重たい、涙の意味。

コロナ禍でできること、今までなら考えもしなかったこと。

それを創出していくたびに、頭の中には「日常」がよぎっていた。

そして、8月。まったく意味合いの違う佐々木彩夏の涙を目撃することとなる。

やっぱり夏を感じたかった。今年はみんなもそうだと思うけれど、夏を感じる時間が少なかったからね

玉井詩織

◆バカ騒ぎの集大成がここにある！

西武ドームの中止を受けて、急きょ、配信ライブの開催が決定した。

川上アキラは「3密や換気を考えたら、もう外しかないでしょ。ハッキリ言っちゃえば海ですよ！」とロケハンを始めていたが、なかなかいい場所が見つからないでいた。

そんなときメンバーの口から出てきたのが「逗子《ずし》マリーナ」だった。

じつは加山雄三が逗子マリーナでイベントを開催したばかりで、そこにはももクロも出演していた。それを思い出しながら「あの会場、よかったよねぇ〜」と話しているメンバーの言葉が決め手となり、急きょ、逗子マリーナからの中継が決定した。大先輩との共演はこういうところでも、しっかりプラスに作用している。

これを受けて、配信内容も大幅に変更され、当初の『笑成神祭』から一転、タイトルは『ももクロ夏のバカ騒ぎ2020　配信先からこんにちは』に全面的に改称されることとなった。

第三章でも書いたように、すでに『笑成神祭』としてのパンフレットは製作済みで、

Tシャツなどのグッズもこのタイトルで作ってしまっている。

それらは「幻のグッズ」として通販されることとなった。正直、やってもいないコンサートのグッズは売れないだろうな、と思っていたのだが、パンフレットに関しては「予想していたよりも注文が入りました！」との報告がスタッフからあった。これはありがたいことだし、次へもつながる話である。

話を戻そう。配信ライブなので、現地に行っても結局はモニターで観覧することになる。今回は場所も遠いし、自宅で観覧することも考えたのだが、結果として朝から会場に行くことになった。

白夜書房が出版するアイドル雑誌『BRODY』が8月下旬売りの号で〝アイドルライブ特集〟を組むことになり、「表紙と巻頭にももクロに登場してもらいたい、というオファーを運営サイドに投げたところ、二つ返事でOKが出た」とのこと（ちなみに書店やコンビニに並ぶ表紙は2パターンあり、もうひとつはテレビ朝日の弘中綾香アナウンサーという攻めっぷり！）。

その撮影に立ち会うために朝から会場入りしたのだが、撮影のために割り振られたのはライブがスタートする直前の5分間のみ。もっとゆっくり来ればよかった、となるところだが、「今年は来ることがないと思っていたサマーリゾートを丸一日、満喫することができる」と前向きに考えよう、ということになった。

もちろん遊ぶわけではないが、本番では映り込み防止のためにメンバーのパフォーマンスを近くで見ることができないけれど、リハーサルならOKとのこと。

そこには青空が広がり、海があり、山があり、プールまである。

完全に失われたと思っていた「2020年の夏」。

その詰め合わせがそこにはあった。

それは、メンバーも同じ気持ちだった。

リハーサルが終わったあと、メンバーはプールで遊んでいた。

もし、観客を入れてのライブであれば、数時間前から楽屋に戻っていなくてはならないのだが、今回は極端な話、本番がスタートする1秒前まで遊んでいられる。

百田夏菜子と佐々木彩夏は早めに楽屋へと戻ったが、玉井詩織と高城れにはいつまでもプールに残っていた。

結果的に最後の最後までボートに乗ってプールで遊んでいたのは玉井詩織だった。

「あれはスリルを味わっていたんですよ。もうメイクを済ませていたので、落ちたら終わり。メイクさんに怒られるスリル。結局、落ちなかったでしょ？　マネージャーさんからは『もういい加減、楽屋に戻ってください！』って怒られたけれども（笑）。**やっぱり夏を感じたかった。今年はみんなもそうだと思うけれど、夏を感じる時間が少なかったからね。**なかなか、こうやって公式に遊べることもないし、ちょっと遊びたくなっちゃったんですよ、アハハハ！」

それはきっと、これから行われるライブが『夏のバカ騒ぎ』だということも関係している。

２０１１年にスタートした夏の大型ライブ。

そのタイトルが『夏のバカ騒ぎ』であり、これがメンバーにとって、大きな基準点となっていた。

10年目の原点回帰。

いや、「集大成」と言ったほうがいい。

配信という新しい形ではあるが、その中身は今までやってきたことの集大成である。そう考えると開始ギリギリまでプールで遊んでいた玉井詩織は「バカ騒ぎ」の部分のリハーサルをひとりでやっていたのかもしれない。

目の前にいるお客さんが0人でも、配信ではたくさんの方が見てくれているわけで、そのスタンスは変わらないです

……玉井詩織

◆2020年の夏、最高にバカな瞬間

本番10分前。

メンバーが楽屋から出てきた。

楽屋からライブのスタート地点に移動するあいだにプールがある。そこで雑誌の表紙撮影をすることになった。

リハーサルの合間にメンバーには「こういう撮影で、雑誌の内容はこんな感じ」ということは伝えてあったが、撮影時間が5分しかないとなると、さすがに心配になる。

それでも、さすがの集中力。

5分間でも時間が余るほどの取れ高！　表紙と巻頭、さらには付録のポスターの写真まで、超短時間で撮影できるのはももクロならでは。編集やカメラマンはもっと余裕を持って撮りたいところだろうが、逆に考えたら、本番数分前の表情が撮れるのはめちゃくちゃ貴重だし、事実、発売されるとその表紙は「最高に夏っぽい！」と大好評だった。

そして、我々はこの時点で別室へ。

せっかく逗子マリーナへ来たけれど、モニターが用意された部屋で配信を視聴するだけである。ちなみにこの部屋は雨天の場合はステージとして使用するので、もし、雨が降ってきたら、僕たちは追い出されることになっていた。

そして、ライブはひたすら楽しいバカ騒ぎだった。

クライマックスは曲の最中に全員でプールに飛び込んでしまうシーン。

「**なんか当たり前のことのように『わかりました』って私たちも受け入れちゃったけど、こんなことある？　それを誰も止めないって、このチーム、どうかしているけど、やっぱり最高だわ**」（百田夏菜子）

飛び込むまえにはマイクをプールサイドに置いていかなくてはいけないので、歌っても視聴者には届かない。どうするんだろう、と思っていたら、音声さんが長いガンマイクを突き出して、メンバーの歌声を拾っていた。実にバカだ！

幕間の映像もバカ騒ぎで、江戸川でのアクティビティに挑戦し、川へと振り落とされた佐々木彩夏が号泣。メンバーも笑いながら「あーりんのこんな姿、映しちゃっていいの」とハシャいでいた。

「**いやぁ、恥ずかしい。悪目立ちしちゃったね。でも、本当に怖かったんだもーん**」（佐々

木彩夏）

「普通のライブじゃないところがももクロらしいよね。**結果的にはお客さんはみんな別々の場所にいるんだけど、なんか一緒に『乗り越えた』感じがすごくした。**そういう意味では今までのライブと一緒だと思う」（高城れに）

最後は夜空にたくさんの花火！

日本中で視聴しているファンと一緒に味わう最高の夏の思い出だ。

佐々木彩夏がソロコンで開拓した「会場の中を周遊しながらパフォーマンスをする」という方法を、より大掛かりに展開してみせた夏ライブ。ただ、無観客であることに変わりはないわけで、そのあたりはどうだったのか？

「私はあんまり変わらないかもしれない。1000人の前に立つときも、10000人の前に立つときも自分自身が変わっている感じはしないの。もちろん、見てくれている方の人数が多ければ多いほどそこに集まるパワーっていうものはすごく大きくなっていく感じはするし、それを受け取って自分から出るものは変わるかもしれないけど、自分のスタンス的にはあんまり変わらないですね。

うん、**目の前にいるお客さんが0人でも、配信ではたくさんの方が見てくれているわ**

けで、そのスタンスは変わらないです。

もちろん、お客さんがいてくれるほうが私たちらしいライブだなとも思うし、自分ひとりじゃ出せないものを、しっかりと引き出してくれるのも見てくれているお客さんだと思うから。そういう意味では、無観客配信っていう形でのライブになるとまたちょっとマインドが変わるというか、『**自分で出せるものちゃんと出さなきゃいけない**』**という部分は強く意識しますけどね**」（玉井詩織）

たとえ観客が0人でもスタンスは変わらない。

平然とそう言ってのけ、配信ライブへの取り組みをしっかりと語る玉井詩織には、もはや「覚醒」を感じざるを得なかった。

もう2020年はこのまま無観客ライブで押し通すしかないし、2021年の目途もまったく立っていない。

しかし、観客0人でのエンターテインメントがしばらく続く時代に、玉井詩織の静かなる覚悟を見た。

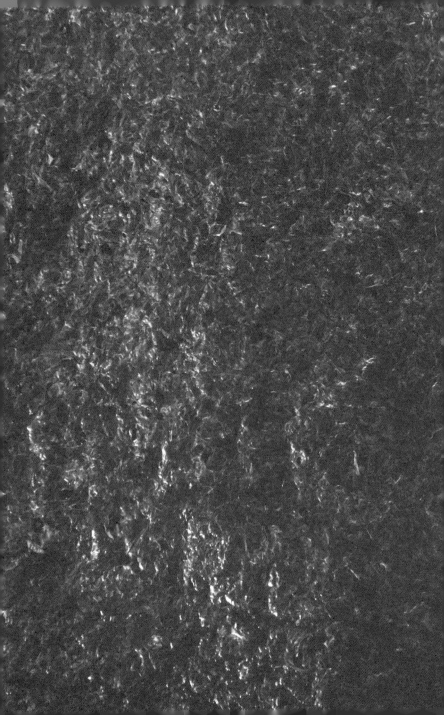

最終章

そこに「希望の光」はたしかにあった
2021年に向けて踏み出した大きな一歩

LIVEで生きていた、
生きていく、今、生きる！

ごめん、やっぱ、
覚えてないわ（うひょ）。
ひとつ言えるのは、
私の記憶力なんかに頼ったら
ダメだってことだよ（笑）

百田夏菜子

◆4人は「ゼーット！」と叫ばなかった

秋、フェスの季節。

もちろん、2020年はたくさんの観客はもちろん、たくさんのアーティストたちをひとつの場所に集めるフェスを開催することは難しかったが、〝毎年恒例〟の看板を守るため、いくつかのフェスがオンラインで敢行することを決めた。

ももクロは3つのフェスに参加した。いずれも昨年まで常連として出演し続けてきたものばかりである。

せっかくなので、僕はこの3つのフェスも現地で取材させてもらうことにした。基本的にリモートでの参加となるので、あまり意味がないようにも思えたが、逆にこういう参加の仕方は2020年しかないかもしれない。

いや、「2021年からは今までのような形で開催できるように」と願《がん》をかけるような意味も込めて、コロナ禍ならではの〝フェスの風景〟を追った。

まずは松崎しげるが主催する『黒フェス』。

じつはこのフェスに関しては有観客で開催されている。

他のフェスと違って、広大な野外会場で行うスタイルでなく、ホールでの公演ということでいささか事情は違ったのだが、今年の開催場所となった立川ステージガーデンという今年オープンしたばかりの会場が、極めてコロナ対策に優れた場所であることも開催の決め手となった。

事実、現地に飛んだマネージャーの川上アキラは「この会場であれば!」ということで、11月と12月にイベントの開催をさっそく決めてきたほど。まだ足を運んだことのない会場には、無限の可能性が隠されている場合があるのだ。

ももクロは都内の某スタジオから中継で出演する。そのスタジオに行ってみたら、広いフロアにすでにメンバーが座って待機していた。

話を聞けば、着替えをする個室はあるが、いわゆる楽屋がないため、このフロアにみんないるのだという。僕たちの待機場所も同じフロアになるので、とりあえずメンバーとは十分すぎる距離を取って椅子に座った。ソーシャルディスタンスの10倍以上は軽く離れられる広さだったのだ。

出演を前に個別でボイトレが始まる。

いつもは全員が揃ってやるものだが、今回はメイクや着替えが終わったメンバーから個別で行うスタイル。すでにリハーサルは済ませているので、あくまでも最終確認のようなものではあるが、その姿を見て「たくましくなったなぁ〜」と感銘を受けた。

この日はピアノ一本で「歌」を聴かせる構成となっている。以前だったら、出番の前は不安で不安で仕方がなくなっていたものだが、こういう変則的なやり方にも対応できるようになったんだな、と。

スタジオ自体も荘厳なイメージのある場所で、衣装もドレッシーなものに。つまり、今日は激しいダンスをしない、ということを意味していた。だが、セットリストには『行くぜっ！怪盗少女』の文字が躍っている。

エビ反りジャンプのない怪盗少女。

イントロが流れた瞬間から、それが確定しているのは、なかなかレアなケースではないだろうか？

さらに自己紹介もなし。

気が付いたら、登場してから中継が切れるまで、**一度も「ゼーットト！」のポーズを披露しないで終わった。**

エビ反りジャンプも「ゼーット！」もないステージ。

こんなこと過去にあっただろうか？

出番を終えたメンバーに確認してみると、みんな、きょとんとしている。

「あーっ、そうか。そんなこと、まったく意識していなかったね」

見ている側からすると、ものすごく違和感をおぼえたことを、メンバーはあくまでも自然に、サラッとやってのけた。

「ちょっと待っててね。これから着替えながら、ゆっくりと思い出してみるからさ。あとで報告するわ」

そういって百田夏菜子は部屋の中へと消えていった。

さすがはリーダー、なんだかんだいって心強い。

数分後、私服に着替えたリーダーはこう言った。

「ごめん、やっぱ、覚えてないわ（うひょ）。ひとつ言えるのは、私の記憶力なんかに頼ったらダメだってことだよ（笑）」

さすがは百田夏菜子、なんだかんだいって平常運転だ。

ただ、やっぱり「特別なことをやった」という感覚はまるでなかった、という。それだけ4人は「歌うこと」に集中していたのかもしれないが、この日はあくまでもフェスラッシュの序章。今日は「歌」に特化した演出にしたが、残りのフェスでは、それぞれ違った側面を押し出していく、という。

◆オンラインのパイオニアが往く!

次は『イナズマロックフェス』。

主催するのは西川貴教で、例年は琵琶湖畔で開催しているのだが、今年はスタジオにいる西川貴教とアーティストを結んでのオンライン開催となった。

昨年は大トリとして参加しているももクロだったが、今年はオープニングに参上。これはもう、この夏、オリジナリティー溢れる配信ライブを開催してきたことで、オンライン公演のパイオニアにしてスペシャリストとして高い評価を得ている証拠である。

ただ、ヒヤリとすることがあった。

リハーサル中に音声トラブルが発生し、すべての進行が数分間に渡ってストップしてしまったのだ。

これがもし、本番中だったら……声が届かないから、トークでつなぐこともできない。これまで培ってきた現場力も、「オンラインで技術的なトラブルが起きてしまったら、どうにもならない」という事実を突きつけられた。

幸い、本番は何ひとつトラブルはなかったが、音響スタッフは「なんだこりゃ、聞いてないよ！」と驚きながらも、爆笑していた。

なんと、**このフェスの少し前に結婚を発表した西川貴教をイジリ倒すような歌詞に改変しての替え歌を歌っていたのだ。**

ついさっき行われたリハーサルでは普通の歌詞で歌っていたので、ほんの10分ちょっとのあいだに、メンバーが楽屋で「作詞」をした、ということになる。

だが、もっとも驚いていたのは西川貴教だった。

トークでイジられることは覚悟していたのだろうが、まさか替え歌を、それも自身の大ヒット曲『LEVEL4』でぶっ込んでくるとは……ただ、これで初のオンライン開催での〝場の空気〟はできたような気がする。これぞトップバッターとしての面目躍如である。

「あーっ、楽しかった！」

4人は満面の笑みでステージから戻ってきた。

出演時間から逆算すると2曲しかできなかったのだが、それをめいっぱい楽しくやりきった。たしかに『黒フェス』とは正反対のパフォーマンスであり、いい意味でフェスっぽいノリだった。

「セトリはみんなで考えた。3つ、フェスに出るでしょ？　この日はこの曲をやりたい、というところから決めていって、なるべく被りがないように調整して。だから、**3つのフェスをトータルで考えて、全体のセトリを詰めていった感じ**」

楽屋でバカバカしいトークが勃発してしまったので、もはや誰がどの発言をしたのかすらわからなくなってしまったが、4人の話をまとめるとこういうことになる。

しかし、リモート参加でここまでフェス感をエンジョイできてしまうとは……これぞももクロの神髄《しんずい》である。

あっ、私たち
『憧れられる』という立場に
なれてたんだっていうのが、
すごくうれしかった

……玉井詩織

茶番はコロナが収束したあとに

そして、フェスラッシュのラストを飾るのは『氣志團万博』。オンライン開催ではあるが、この日は氣志團も登場するステージがある会場からの参加、ということになった。

いつもは秋空の下でバカバカしい茶番劇を交えたパフォーマンスを展開するのだが、今年は茶番ナシ。あれはあくまでも房総の、木更津の空の下でやるもの、というのが彼女たちの考え方である。

「コロナが収束したときにまたやりましょう」ということで、なんにも言葉にはしていないが「2021年以降の約束」が事実上、ここで交わされていたのだ。

ソウルメイトとしてダウンタウンももクロバンドと一緒にステージに立った4人は、氣志團のナンバーを2曲もカバー。そのうち1曲はPVの映像をまるまるカバーする、というリスペクトぶり。

これには会場の後ろから観覧していた氣志團のメンバーも大感動。綾小路翔は「サイコーだよ！」とフラフラとステージへと近づいていく。それでもステージには上がらず、少し離れたところから眺めているという、素敵すぎる〝漢気〟を見せてくれた。

この3つのフェスに参加したことで、２０１９年まで紡いできた歴史がちゃんとつながり、それを２０２１年以降につないでいく権利も手にした。それはもう、ももクロがこれからの時代もライブで「生きていく」ことの決意表明である！

◆10年ぶりに参加した「アイドルの祭典」

フェスラッシュの本当のフィナーレは、じつを言うとこの先に待っていた。

それは『ＴＩＦ（TOKYO IDOL FESTIVAL）』だ。

ももクロは10年前にＴＩＦに参加し、そこでのパフォーマンスがたくさんのアイドルファンに「見つかり」、その後のブレイクの契機となった。いわゆる〝出世試合〟のひとつにあたる伝説のステージだ。

ＴＩＦは毎年、続いていったが、ももクロはそれっきり参加することはなかった。というのも、スケジュール的にももクロの夏コンサートと丸被りになってしまうから物理的に無理になってしまったのだ。

すなわち、この10年間、ももクロは大規模な夏コンサートをずっとやり続けてきた、ということになる。数年前からＴＩＦが土日開催から金土日の３日間開催に拡大したことで、佐々木彩夏がソロで参加するようになったが、それも朝イチのステージ限定。出番が終わると、すぐさま会場を飛び出し、すでにメンバーが行っている夏コンサートのリハーサルに合流しなくてはいけないからだ。

だが、２０２０年はちょっと事情が変わっていた。

そもそも今年のＴＩＦはコロナとはまったく別の理由で、秋にスライド開催することが決まっていた。

本来であれば夏に行われていたはずの東京オリンピックとのバッティングを避けるための措置だった。結局、オリンピック自体が延期となったので、延期した意味もなくなってしまったが、10月開催ということで「ひょっとしたら、規模は縮小されても、なんとか有観客でできるのではないか？」という淡い期待も広がっていたものの……コロナショックはそんな希望までも踏みつぶしていった。

結局、初のオンライン開催ということになったのだが、その大トリとして迎え入れられたのが、ももいろクローバーZ。10年ぶりのTIF参戦決定はネットニュースでも大きな話題となった。

10年前、同じステージに立っていたアイドルは、もうほとんどいなくなってしまった。チェアマンを務める指原莉乃はすでにAKB48に加入していたが、10年前にはAKB48がTIFに参加していないし、指原も昨年、アイドルから卒業している。それを考えたら、まだアイドルとして活動を続け、今なお大トリを張れるももクロの存在感は大きすぎるし、ここまでの道のりは間違っていなかったことを、改めて確認できた。

だが、朝から、ももクロはももクロだった。

例年どおり、佐々木彩夏のソロステージからスタートしたのだが、そこに玉井詩織と高城れにが乱入する、という悪ふざけ。それも一瞬だけ姿を見せたかと思ったら、すぐにいなくなってしまう〝出オチ〟的な登場（かと思ったら、再び出てくる、という……）。「今でもこんなことやってます」という自己紹介にもなった。

佐々木彩夏はそのまま浪江女子発組合としても出演。大トリとして降臨するまえに、さまざまなももクロの「形」をステージ上で披露した。

そんな一日のことを玉井詩織は感慨深く、こう語る。

「こんな時期でもあったので、最近、他のアイドルさんと会うタイミングがなかなかなかったんですけど、今回、会場ですれ違ったアイドルさんの中に私のファンでいてくれる子がいて、その子がもう10年以上前の『ミライボウル』の特典会とか『ボイン会』にまで来てくれていたみたいで、本当にね、私たちを純粋に応援してくれていた子が、私たちがきっかけでアイドルになろうと思って、10年経って、同じステージに立っているの。なんかね、**10年って月日は、人が夢を見て、それを叶えるまでの期間としては、もう十分すぎる年月なんだなって**。

　私たちはもともとアイドル志望ではなかったメンバーが集まってできたグループだから、まさかここまで続いているとは自分でも思ってなかったし、ずーっと誰かが見ていてくれて、自分もこの職業になりたいっていう風に夢を描いてくれる人もいて、**あっ、私たち『憧れられる』という立場になれてたんだっていうのが、すごくうれしかった。**そういう話って、あまり聞く機会がないじゃないですか？　好きでいてくれてるって声は聞くけど、その人の将来を決めるきっかけになってたんだって思うとびっくりしましたね」

こんな時代だからこそ
できること、今までだったら
考えもしなかったけど、
今だからできてしまうことも
きっとあるはずだよ！

……高城れに

◆肯定することから始まる未来もある

アイドルが憧れるアイドル。

10年ぶりに思い出の場に立ち寄ったことで、自分たちの「現在地」がよりくっきりと見えてきた。

そして、アイドルファンの中にも、あの日以来、10年ぶりにももクロを見る、という人たちも少なからずいる。

そんな人たちのハートを射抜いたセットリスト。

それは10年前にやった楽曲の再現。

メンバーから出た案だったというが、誰も正確な当時のセトリをチェックしたわけではなく「この曲、やったよね？」「こんな感じだったよね？」と決めていったというが、あのころのももクロを「10年後のももクロ」がやる、という意味では、そういう決め方でちょうどよかったのだろう。

そして、後半では直近の楽曲から魅せる曲、聴かせる曲をズラリと並べてみせた。こちらは「10年前のももクロ」には絶対にできなかったパフォーマンス。

ひょっとしたら、この日の配信がきっかけで新しくももクロを好きになってくれた人がいるかもしれないし、10年ぶりに見て、また興味を持ってくれた人だっているかもしれない。

この1年間、高城れにが何度も言っていた言葉が頭をよぎった。

「こんな時代だけど、けっして悪いことばかりじゃないと思うの。**こんな時代だからこそできること、今までだったら考えもしなかったけど、今だからできてしまうこともきっとあるはずだよ！**」

肯定することから始まる未来もある。

一夜にして10年間を駆け抜けたももクロは、未来に向かって進み始めた。

ねぇ、間に合ったかな？
ギリギリ間に合ったのかな？
私たちが踏み出した一歩、
2021年に
つながったかな？

佐々木彩夏

◆幻の『ももいろクリスマス2020』

２０２０年、ももクロは有観客ライブの開催を見送ることとなった。

恒例の『ももいろクリスマス』も開催せず、大晦日の『ももいろ歌合戦』は無観客で配信のみ、と決まった。ただ、夏と同様に『ももいろクリスマス』はパンフやグッズだけ作って、それを通販することとなった。

それを受けて、メンバーに「今年、ももクリをやるとしたら、こういうことをやりたかった」という意見を持ち寄ってもらい、４人による座談会で「こんな写真を撮りたい」というプランを固め、それを誌面に反映させよう、ということになった。

だが、座談会の前日、流れが大きく変わる。

マネージャーの川上アキラが「そういうことならメンバーだけじゃなくて、いつもライブに関わってくれるスタッフも集めたほうがいいんじゃないか？」と提案したのだ。

急きょ、スタッフに招集がかかった。

今年はももクリをやらないけれど、全体会議だけはやる！

こんなノリにも即座に反応してくれるのが、ももクロチームの面白さ。演出チームからヘアメイクまで、ライブに関わる人たちが集まり『幻のももいろクリスマス2020』について熱く語ることになった。詳しい内容は、まさに『ももいろクリスマス2020』のパンフレットに掲載されているので、ここではあえて書かないが、根幹となるテーマは〝希望の光〟に決まった。その会議の光景を見ながら、百田夏菜子が「これが2020年の私たちだ」と教えてくれた。

「とにかく、みんなで話し合った1年だった。メンバーと会えない期間が長かったでしょ？　みんないろんな考えがあるし、いろんな感覚があるから、ひとつひとつ話し合って、みんなが納得する形で前に進もうって。

昔からそうやっては来たんだけど、今年は何か月かずっと家にいたわけで、どうしても『あれはできない、これもできない』みたいな考え方になりがちだったんですけど、**メンバーと話しているとポジティブに考えることができたりして、あぁ、仲間がいるって心強いなって。**スタッフさんともたくさん意見を交わして、その中からみんなで何がいちばんいいのかを決めていく時間がすごくあった。そのたびに、**やっぱりひとりでいるよりも、みんなでいるほうが全然、強くいられるんだなぁ～って**」

やる予定のないライブについて、真剣に語り合うスタッフの姿。そこにはもう『ももクロ愛』しかない。そこにメンバーも積極的に意見を出して、どんどん具現化していく。イベント自体は「幻」だったかもしれないが、2020年のももクロの理想形を、話し合いの中に見たような気がした。

◆ついに観客の前に立つ！　そのとき佐々木彩夏は……

有観客ライブを2021年以降に先送りにしたももクロだが、その一方で大きな動きがあった。それは佐々木彩夏がプロデュースする浪江女子発組合での「有観客ライブ」だ。川上アキラが『黒フェス』で体感した立川ステージガーデンの「換気能力」。じつはこの会場、入口側の扉が全開にでき、外の庭園と直結できるのだ。つまり、ライブ中、開けっ放しにしておけば、ほぼ野外にいるのと同じことになる。

キャパは約2500人だが、客席をソーシャルディスタンス仕様にして800席のみ開放。一日3回公演にすることで、トータルでキャパと同等の観客を集める形にすれば、なんとか興行としても成立する。ももクロは2月から有観客ライブをやっていないので、

じつに8か月ぶりに観客の前に立つ、ということになる。4人で立つ前に、まずは先行で佐々木彩夏だけが立つことになるわけだ。

初の有観客ライブで事故を起こすわけにはいかない。

チケットを持っている人たちには時間差で会場に来てもらい、入場時に密にならないようにする。当然、すべての観客が入り切るまで時間がかかるから、メンバーが影アナでラジオ番組的なことをしたり、浪江町で撮ってきた映像を流したりして、お客さんが退屈しない空間を作った（終演後も規制退場となるが、そのあいだ、メンバーがステージ上からお見送りをしてくれた）。

ライブ中も観客は着席での鑑賞となり、声を出すことも厳禁。つまり、直接的なコール&レスポンスが成立しない。そこでTwitterやインスタグラムの投票機能を使って、客席の意見を聞くという企画も投入された。浪江町での写真とハロウィンの写真のコンテストはどちらも佐々木彩夏が優勝。これには本人が「どっちかは負けたかったな」とステージ上で本音を漏らした。

第三章でも触れたように、佐々木彩夏は「自粛期間中はももクロのことより、浪江のことを考える時間のほうが長かった」と口にした。それゆえ、自分が主役になるのではなく、他のメンバーが目立ってくれることを望んでいたのだろうが、8か月ぶりに〝生あーりん〟を目の当たりにしたファンの感情は、ストレートに投票結果に反映されてしまった、ということなのだろう。

「いろいろ考えたよ。本当はさ、たとえば日本武道館とかで『ドーン!』とやれたらカッコいいだろうな、とか。いきなり武道館でやれば『えっ、浪江? 誰!?』ってなるし、浪江町の名前もたくさんの人に知ってもらえるでしょ? さすがにこの状況では難しかったけど、**ももクロではできないことも、浪江女子発組合であればできたりもする。その可能性に賭けてみたい**」

扉を開けっぱなしにしての3回公演。

関係者席はまさに扉の前の立ち見スペースだったのだが、おかげで第1部は快適で、第2部は暑く、第3部は寒いという状況を体感できたし、佐々木彩夏が頭をひねりまくって編み出した3つの公演のセトリの妙も満喫できた。

いろいろと規制は多いものの、客席から見るステージは〝あのころ〟にかなり近いものとなった。では、ステージから見た客席はどうだったのか? 第3部が終わった直後、ステージから楽屋までの1分間の道のりで佐々木彩夏に聞いてみた。

「そこにお客さんがいてくれるって、本当にありがたかった。自分がお客さんの立場だったら、こんな状況だし、本当に行っていたのかなって気持ちもあったから、こんなにたくさんのお客さんが集まってくれて……まぁ、ひとことで言うなら『安堵《あんど》』だよね、今の本音は。ただささぁ、なんていうのかなぁ～」

楽屋の前に到達すると、そこで佐々木彩夏は立ち止まった。ここから先のエリアに進むには足裏の消毒をしなくてはいけないので、どちらにしても立ち止まらなくてはいけないのだが、その手前でストップしたのだ。彼女は言葉を探していた。

「ありがたい、うれしい、感動した……なんかさ、もう、そんな言葉で表現したら失礼だよねっていう感情が渦巻いているの。そういう感情を表現する最上級で丁寧な言葉ってなんなんだろう？　ちょっと、今、見つからないよぉ～」

言葉を超えた感情が、そこにはあった。そして消毒を終え、楽屋へと進もうとした佐々木彩夏はこちらを振り返って、こう言った。

「**ねぇ、間に合ったかな？　ギリギリ間に合ったのかな？　私たちが踏み出した一歩、2021年につながったかな？**」

その答えを探すももクロの2021年への旅路が始まった――。

おわりに
〜やっぱり「お弁当お持ち帰り事件」は2020年〝最幸〟のニュースだった〜

タイトルに『ももクロ』が入った書籍を出版するのは今回で12冊目となるが、もっとも速いスピードで書き上げることができたのがこの『弁当と平和』だった。

ただ、書きながら、いろいろと思い悩んだ回数も一番多かった。

原稿を書くまえにタイトルと表紙のデザインは決まっていた。

単なるダジャレではあるが、「弁当」という言葉を入れ込もうとしたら、あの名作のタイトルにひっかけた『弁当と平和』が浮かんできて、そのあとは逆に「平和」の部分を外したくなくなってしまった。

それはきっと、本を書いているうちに第三波とも呼ばれるほどに新型コロナウイルスの感染が広がってきて、またぞろ未来に不安が生じてきたこともあるんだと思う。

あの「お弁当お持ち帰り事件」が初めて報じられたときに、世の中がなんにも考えずにニコニコしてしまった、あの「平和」すぎる瞬間を、この本の表紙を目にした人たちが感じてくれたらいいな、と。〝最幸〟なニュースを2021年につなぎたかった。

　ここまで読んでくださった方ならわかるように、この本の中では特に「お弁当お持ち帰り事件」そのものについては言及していない。その場にいたわけではないし、本の冒頭にも書いたように、メンバーたちにとっても、周りの人間にとっても、ああやってお弁当や差し入れを持ち帰ることは日常の風景であり、別に語ることがないからだ。

　あくまでも「2020年のももクロ」を象徴する出来事として、本のタイトルにし、表紙から巻頭のカラー口絵までビジュアルイメージはそちらに振り切ったが、第二章以降はコロナの影がページにも色濃く反映されてくるので、けっこう重くなってしまう。それは原稿を書いていても、息苦しくなってしまうほどだった。

　でも、2020年のことを書き記す上では、絶対に避けては通れないことだし、「この1年間をどう生きたか？」という部分は自分が見聞きしてきたことを可能な限り、書いておきたかった。そうでなかったら、この本を出す意味がない。

　第三章まで書き終えたときに、僕は担当編集に提案をした。

「せっかくポップな感じの表紙ができて、一般の方が手に取ってくれるかもしれないのに、開いてみたら文字ばっかりっていうのはどうなのか？　熱心なモノノフさんであれば、それでも喜んでもらえると思うけど……」

もっと書きたい、と思う反面、どんどん不安が広がってきていた。

僕も若いころは文字がぎゅうぎゅう詰めになっている本こそが正義だと思ってきたし、そういう本ばかり作ってきたけれど、読者の方から「さすがに目が疲れる」という声をいただくようになり、自分自身もそれを感じるようになってきた。

そこでここ数年は変なこだわりを捨てて、読みやすさを優先するようになった。その到達点が『ももクロ非常識ビジネス学』。47項目に分けて、それぞれを4〜6ページで構成する。最初から最後まで通して読んでもいいし、気になる項目だけをチョイスしてもいい。そういう作りの本が売れた、ということは、やっぱり読みやすかったのだろう。

ライブレポート集の『ももクロ活字録』シリーズでも、ライブごとに大きなタイトルを付け、さらに記事の最後にセットリストを載せることで「文字ばっかり」という印象を少しでも薄めるように意識してきた。

それらの書籍と比べると、明らかに今回は堅苦しい一冊になりかけていた。

そこで従来のようにセットリストを掲載したりして、読んでいる途中に呼吸を整えることができるような構成にできないか、と相談をしたのだ。

最初は快諾してくれた担当編集だが、いよいよ執筆がクライマックスを迎えようとしていたタイミングで「やっぱりセットリストを載せるのは止めましょう」と言ってきた。

「せっかく物語のように話がつながってきているのに、唐突にセットリストが出てくると、そこで分断されてしまう。これは読者の方にとってもリズムが崩れるのでは？　それだったら、文章の中に出てくるメンバーさんたちの言葉を抜き出してドーンと載せたほうがいいと思います。本当に心に刺さるパワーワードが多いので！」

たしかにそうかもしれない。

実際、今回の本はライブレポート集ではないし（掲載されているライブはほとんどが配信されたもので、たくさんの人がリアルタイムで視聴しているので、あえてステージ上での話は深く掘り下げていない）、バックステージや取材現場でメンバーと交わした言葉が文章の軸になっている。

昨年11月からの1年間で、パンフレット用の取材で2回、雑誌の取材で3回、メンバー全員のインタビューをしている。さらに個別インタビューも加えれば、けっこうな回数になるのだが、誌面の都合上、載せ切れなかった「名言」がたくさんあったので、それを掬《すく》い上げるのも、この本の役割だと思っていた。

原稿の執筆に追われていて余裕がなかったこともあり、パワーワードの抜き出しは担当編集に一任し、どのような形で配置するかはデザイナーさんにお任せした。いつもはなんでもかんでも自分でやってしまうことが多いので、ここまではっきりと分業したのは、とても久しぶりのように感じた。だから、本の初校が刷り上がってくるまで、どんな誌面構成になっているのかわからなかったのだが、送られてきたものを見て「これはまさに弁当じゃないか！」と感激した。

ももクロが提供してくれた新鮮な素材を、僕が文章という形で調理し、それを編集とデザイナーが綺麗に彩って、盛りつけてくれた。よりわかりやすく「２０２０年のももクロ」のすべてが伝わる一冊になった、という手応えをしっかりと感じている。

最終章で百田夏菜子が語っているように、「２０２０年のももクロは、スタッフさんを含めて話し合いをたくさんした」という。

もう少し詳しく書くと、誰かが「こういうやり方はどうか？」という意見が出ると「なるほど、そういうやり方があったか！」と感心しつつも、次の瞬間には「いや、だったら、こうやってみたらどうか？」という新しいプランが提示され、よりよい形になっていく、ということが日常茶飯事だったそうだ。

まさにこの本も同じような作り方をしてきたわけで「２０２０年のももクロ」と、少しだけリンクできたような気がした。何よりも百田夏菜子の発する言葉は、もうすべてが強烈なパワーワードなので、本を構築していく上で非常に助かった。

ステージから客席に向けて、直接、言葉を投げかけることは今、できなくなってしまっているが、ぜひ、誌面からリーダーの頼もしさを感じてほしい。

イレギュラーすぎる１年だったので、ちょっと本の作りも変則的になった。

ソロ活動やプロデュースの仕事が多かったので、どうしても佐々木彩夏のエピソードが多くなってしまう。本来であれば、４人をバランス良く掲載すべきなのだろうが、実際に表に出て活動している量が違うので、これぱかりはどうにもならない。

担当編集からも「玉井さんのエピソードをもう少し膨らませることができませんか？」と全体のバランスを取るためのリクエストがあったが、この１年をありのままに伝えるのであれば、無理矢理、増量するのはどうだろうか？　と。

本文を読んでいただければわかるが、玉井詩織の発言は最初から最後まで、まったくブレていない。それでいて、あとになればなるほど、グッと言葉が力強くなっている。

その変化だけでも、彼女のこの１年の変化は伝わると思うし、だからこそ、ももクロが例年とは違う活動をしていても、力強く前進できたのではないか、と思っている。

何よりビジュアル的な玉井詩織の素晴らしさはカラー口絵で伝わるだろう。予算さえあれば、彼女の写真を大きなポスターにして都心にドーンと貼りだしまくりたいぐらいだ(残念ながら、そんな余裕はないのだが……)。

ちなみに佐々木彩夏は、12月11日に発売された妹分・アメフラっシの1stフォトブック『With』(ワニブックス刊)にも登場してもらっている。これまでもソロコンなどで共演経験が多い愛来との対談企画。わざわざ出てもらうので、佐々木彩夏のソロ活動についてもいろいろ聞きたいと事前に相談したら「いや、これはアメフラっシの本なんだから、私のことは何も聞かなくて大丈夫。その分、愛来にページを割いてあげて!」という言葉が返ってきた。ここまでくると、もはや後輩想いではなく〝漢気〟すら感じる。

結局、話の流れから、この数年間の佐々木彩夏のソロ活動を総括するような内容にもなっているので、ぜひ、そちらもご一読いただければ幸いだ。

11月11日に高城れにがテレビ東京系の『ローカル路線バスVS鉄道　乗り継ぎ対決旅』に出演し、どんな逆境にもポジティブな言動でチームを盛り立てる活躍を見せて、大きな話題となった。

　この本に掲載した彼女の言葉を読んでいただければわかるように、彼女はもともとナチュラルにそういうことができる菩薩《ぼさつ》のような人だったけれど、コロナによる長い自粛期間を経て、さらに精神的にひと回り、大きくなった。ＮＨＫのドラマに主演するなど、世間に注目される仕事がどんどん広がってきているが、こんな時代だからこそ高城れにのような生き方は広く支持されるはず。これからの活動にも注目したい。

　誰も正解を知らないし、１か月後にはどんな状況になっているのかもわからない、という未曽有の状況下で、ももクロはなるべくその時点での正解に近いものを模索し、先々の状況がわからないなら、ファンに過度の期待を持たせてしまう前にイベントの延期や中止を早々に発表してきた。

　現状、２０２１年がどんな1年になるかは、まったく予測がつかないが、きっと４人は平和で明るい未来を照らす「希望の光」となることを信じている。

２０２０年12月吉日　小島和宏

ももクロの弁当と平和

著者　小島和宏（こじま かずひろ）

2021年1月10日　初版発行

写真　池田晶紀（ゆかい）
スタイリスト　寄森久美子（KIND）
ヘアメイク　チエ／中條三菜子／竹内美紀代／薄葉英理（KIND）
お弁当　津多屋さん
装丁　森田直／積田野麦／佐藤桜弥子（FROG KING STUDIO）
校正　玄冬書林
編集　岩尾雅彦（ワニブックス）

発行者　横内正昭
編集人　青柳有紀

発行所　株式会社ワニブックス
〒150-8482
東京都渋谷区恵比寿4-4-9えびす大黒ビル
電話　03-5449-2711（代表）
　　　03-5449-2716（編集部）
ワニブックス HP　http://www.wani.co.jp/
WANI BOOKOUT　http://www.wanibookout.com/
WANI BOOKS NewsCrunch　https://wanibooks-newscrunch.com

印刷所　株式会社 美松堂
DTP　株式会社 三協美術
製本所　ナショナル製本

ISBN 978-4-8470-7016-7